U0564200

书山有路勤为泾，优质资源伴你行
注册世纪波学院会员，享精品图书增值服务

全方位整合式思维

更好地管理人、流程和实体世界

WHOLISTIC THINKING FOR
BETTER MANAGEMENT
OF PEOPLE, PROCESS & PLANET

陈 劲　[新加坡]陈家赐（KC Chan）_著
董 颖　庞宁婧_译

电子工业出版社.
Publishing House of Electronics Industry
北京·BEIJING

Wholistic Thinking for Better Management of People, Process & Planet by CHAN KAH CHEE, CHEN JIN
ISBN: 9789811884610

版权贸易合同登记号　图字：01-2024-3459

图书在版编目（CIP）数据

全方位整合式思维：更好地管理人、流程和实体世界 / 陈劲，（新加坡）陈家赐著；董颖，庞宁婧译.
北京：电子工业出版社，2024. 7. -- ISBN 978-7-121
-48391-2

Ⅰ．F272.91

中国国家版本馆 CIP 数据核字第 2024DT2061 号

责任编辑：刘　琳
印　　刷：河北虎彩印刷有限公司
装　　订：河北虎彩印刷有限公司
出版发行：电子工业出版社
　　　　　北京市海淀区万寿路 173 信箱　邮编：100036
开　　本：720×1000　1/16　印张：14　字数：198 千字
版　　次：2024 年 7 月第 1 版
印　　次：2025 年 3 月第 2 次印刷
定　　价：75.00 元

推荐序

战略生命周期正在不断缩短。不久前，你还可以规划 8~10 年的战略。如今，在大多数行业，战略生命周期平均只有3~5 年，甚至更短。商业环境的变化比历史上任何时候都要快，领导者需要快速适应影响其业务的外部因素，如多样性、数字化、未知风险和环境可持续性。

对于许多组织来说，外部变革之风吹得比内部更快、更猛烈。其影响在于，管理者、领导者和创新者都需要更加了解周围发生的事情，并采用全方位整合式思维作为整体解决方案而不是采用零敲碎打的方法，以确保他们的组织在这个动荡的时代保持与时俱进。

在本书的写作过程中，为了利用范式转变，陈劲和陈家赐两位教授为读者提供了加强组织全方位整合式思维的手段和方法。

全方位整合式思维（Wholistic Thinking）包含4种思维技能。

- 整体思维：将各个部分组合在一起，以实现清晰的规划。

- 系统思维：将正确的部分放在正确的位置，以进行有效的监督（人）和控制（流程）。

- 批判性思维：用新的、改进的和相关的部分替换过时的、多余的和不相关的部分，以进行有效的决策。

- 横向思维：通过创建新的、改进的部分来适应下一个变革/创新周期，以实现持续改进。

这 4 种思维技能是密不可分的，可以解决复杂而精密的问题，得出突破性的解决方案，以应对当前VUCA[易变性(Volatility)、不确定性(Uncertainty)、复杂性（Complexity）、模糊性（Ambiguity）]商业环境中的挑战。

全方位整合式思维旨在培养人们不断整合、实施、创新和改进的能力，以便在全球化浪潮中奋勇向前。虽然数字化的出现可以帮助人们利用自动化、人工智能和其他方式取代常规的、业务增值较少的工作，但未来项目工作很难被技术取代，因此整体思维、系统思维、批判性思维和横向思维至关重要。

人们通常抵制变革。但流程是中立的，不会受文化多样性的影响。因此，如果在一个流程驱动的组织中进行数字化转型，高管都是战略实施专业人员，那么变革的阻力会较小，在向经营模式转变时会更快获得信心，以保持与时俱进并实现可持续的竞争优势。

本书结合"6As"转型变革管理方法——认知（Awareness）、对齐（Alignment）、行动（Action）、实施（Adoption）、巩固（Assurance）、预测（Anticipation），这是一种经过验证的人和流程驱动的方法，并得到实体世界[1]的支持，用于进行完整的分析。

东西方管理方法及严谨的学术思想和实践精神的融合让人大开眼界。本书可以帮助任何希望改变思考、工作、行为和表现方式的人。

安东尼奥·涅托-罗德里格斯（Antonio Nieto-Rodriguez）

项目管理世界冠军、Thinkers 50、可持续发展转型项目总监、PMI 前任主席、教授

《哈佛商业评论项目管理手册》作者

---

[1] "实体世界"英文为"Planet"，泛指包括物联网、通信技术、云技术、SAP系统等能够使我们的工作更轻松、更快捷的技术、工具和工作条件。

序
全方位整合式思维的五大原则

为了更好地理解全方位整合式思维在数字化转型时代的重要性，有必要阐述它的五大原则（见表1）。

表1　全方位整合式思维的五大原则

原则	概念	能力	连接
改变	完整性	竞争力	联系
战略实施	人	流程	实体世界
执行力	执行纪律	执行能力	执行速度
整体解决方案（正确地做正确的事）	战略	项目	绩效
个人、团队和组织能力的提升（改进能力）	整合能力	实施能力	创新能力

根据坎特[1]（Kanter）的观点，世界一流的组织需要利用密不可分的3个方面［概念（Concepts）、能力（Competence）、连接（Connections），简称3C］。概念，为客户创造价值的产品或服务的前沿想法、设计或构想。能力，高规格地把想法转化成应用进而呈现给客户的能力。连接，建立企业联盟，以提高企业核心竞争力，从而为客户创造更多价值，或者拓展企业视野。在当今世界，连接是通过数字化得以实现的。作者采用了世界级的框架作为全方位整合式思维范式的基础。

原则一：改变（见图1）。 当今，我们需要拥抱新范式，改变我们思考、工作、行为和表现的方式，以更好地应对商业环境的不断变化。

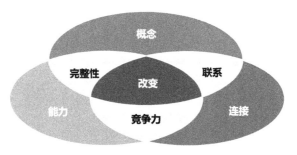

图 1   全方位整合式思维的第一个原则：改变

整合的概念意味着通盘考虑，旨在培养更好的管理者，通过应用 4 种思维技能来整体看待问题。整体思维通过"将各个部分组合在一起"来实现清晰的规划；系统思维通过"将正确的部分放在正确的位置"来进行有效的监督和控制；批判性思维通过"用新的、改进的和相关的部分替换过时的、多余的和不相关的部分"来进行有效的决策，并获得可持续的、卓越的竞争优势；横向思维通过"创建新的、改进的部分来适应下一个变革/创新周期"，以实现持续的改进。[2]

能力是实现和保持竞争力的过程驱动技能。因此，4 种思维技能旨在整体提高个人、团队和组织的能力，从而提高综合生产力。

连接是由实体世界驱动的，通过数字化转型进行沟通，数字化转型由互联网 AI、商业 AI、感知 AI 和自动化 AI[3]驱动，使用云、增强现实等技术，以适当、先进的技术优势在竞争中脱颖而出。

原则二：战略实施（见图 2）。战略的输出可以是战略计划、业务计划和运营计划。战略的成功实施需要通过将其转换为项目来执行。因此，对战略实施来说，重要的是选择正确的流程、正确的人，并为他们配备正确的实体世界，从而实现范围（包括质量和规格）、进度、成本等项目绩效指标，达到所需的投资回报率和内部收益率。

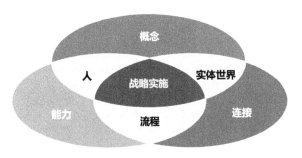

图 2　全方位整合式思维的第二个原则：战略实施

原则三：执行力（见图 3）。一个组织的执行力取决于遵守执行纪律的所有个人的能力总和。组织成员必须掌握执行能力或者接受相关的培训，在执行项目的过程中，通过团队合作形成合力。仅有正确的人、正确的流程还不够，还需要匹配正确的实体世界，以提高执行速度，从而比竞争对手做得更快、更好、更智能（并不一定更便宜）。可以肯定的是，将企业战略转换为一系列项目集和项目的组合，以进行同行竞争是至关重要的。在这个过程中，还需要优先考虑那些具有最高商业价值和最低风险的项目。执行力需要经过一定时间的培养，才能达到最终的成熟度。

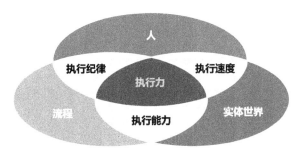

图 3　全方位整合式思维的第三个原则：执行力

原则四：整体解决方案（见图 4）。战略制定—战略实施—战略落地—度量（Strategize-Implement-Operate-Measure，S-I-O-M）模型使用了企业平衡计分卡，这对于成功实施战略、监督和控制业务成果，以及衡量资源的综合生产力［更好地管理 5Ms，即资金（Money）、人力（Manpower）、机器（Machine）、原材料（Material）、方法（Method）]至关重要，与全方位整合式思维的前三个原则相一致。

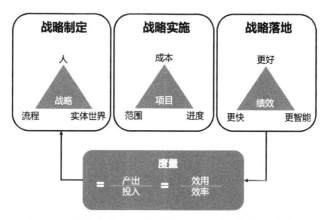

图4 全方位整合式思维的第四个原则：整体解决方案

战略制定的结果就是战略。正如前文所提到的，战略需要由正确的人来执行，他们知道正确的执行流程，能够将战略转化为项目。我们的目标是通过实体世界连接所有能够影响项目成败的利益相关者，以提高执行速度。

在战略实施的过程中，需要根据商业价值高低和风险大小对项目进行优先级排序。衡量项目的关键绩效指标有范围、进度、成本和交付成果，旨在满足客户的质量标准/规范或国家的监管要求，如安全标准。

在战略落地的过程中，运营的目标是确保项目完成的速度更快，质量更好，在成本优化、交付承诺、灵活性上更智能，从而构建可持续的竞争力。

可以用产出除以投入来度量生产力，也可以用效用除以效率来度量。这就是"正确地做正确的事情"。

原则五：个人、团队和组织能力的提升（见图5）。全方位整合式思维的协同作用并不局限于提高个人的整合能力、实施能力、创新能力和持续改进能力。在项目团队中，人们能够利用紧密联系的整体思维、系统思维、批判性思维和横向思维，进而提高做更多事情的能力。大、中、小型项目的融合将决定世界级组织的执行力。这些组织也被称为绩效卓越公司[4]（Super-Efficient Companies）。企业运动员[5]（Corporate Athletes）和奥林匹克运动员管理者[6]（Management Olympics）的存在使其实力得以增强。

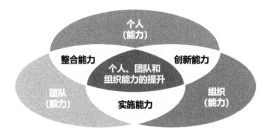

图 5　全方位整合式思维的第五个原则：个人、团队和组织能力的提升

至关重要的是，构建当代的、与时俱进的、量身定制的能力模块，来发展、培训和培养员工队伍，以更好地适应组织。本书中的五个模块能够提高组织的成熟度，使其能够从第一级进阶到第五级。单凭个人能力无法建立伟大的组织。世界一流的组织从精益和敏捷团队的团队合作中成长，将人力资源转变为人力资本。©基于项目的加速行动学习（©Project-Based Accelerated Action Learning，©PBAAL）（见图 6）是关键。

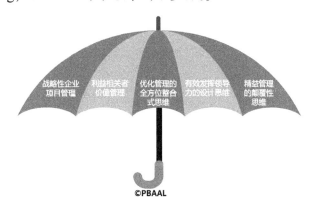

图 6　全方位整合式思维能力的 5 个组成部分（在©PBAAL 中，
学习的速度快于商业环境变化的速度，从而提升全方位整合式思维能力）

在 VUCA 商业环境中，学习的速度必须比商业环境变化的速度更快。在

过去的 20 年里，作者开发和实施了©PBAAL，以培养全日制高等教育学生和成人终身学习者，增加他们的智力资本，使其更好地适应全球化的浪潮[7,8]。在数字化转型的过程中，他们可以成为专家，并保持就业能力和市场竞争力。

洞察

为了优化对人、流程和实体世界的管理（见图 7），全方位整合式思维需要利用战略（转换为项目集和项目的组合）、结构（专门用于实施创新战略的项目化组织）、文化（作为关键变革代理人的高效团队/通过教练和指导其他利益相关者来影响他们的值得信赖的顾问）。关键绩效指标用于衡量有多少项目成功地按范围、进度、成本实施。图 8 用一把雨伞作类比，给出了完整的全方位整合式思维[9]，"全方位整合式思维就像一把雨伞，在打开的时候作用最大"。

图 7　项目得以成功实施的战略、结构和文化

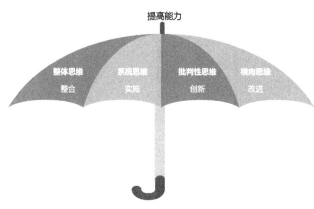

图 8　完整的全方位整合式思维

本 书 导 读

用全方位整合式思维优化对人、流程和实体世界的管理

全方位整合式思维使用人体系统作类比。为了使人体系统正常运作，5个关键器官（大脑、心脏、肝脏、肾脏、肺）必须同时运转，以保持健康。对于一个由人、流程、实体世界、结构和战略组成的复杂动态系统的组织来说，情况也是如此。本书试图将东西方的管理哲学、思想、原则等统一起来，以更好地指导实践。本书内容的概述请参见图9。

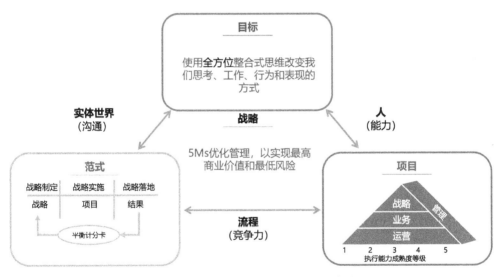

图9 优化管理人、流程和实体世界的全方位整合式思维概念图

所有企业的关键目标都是相似的——如何做得更快、更好、更智能，培育可持续的竞争力和发展能力。在当前数字化转型和项目驱动型经济时代，作者重新塑造、重新设计、重新思考、重新规划、重新想象、重新激活了传统的企业管理"完整方法"[10]。这就是全方位整合式思维。全方位整合式思

维作为一种新的范式，正在改变我们思考、工作、行为和表现的方式，让我们更好地应对全球化浪潮和新常态。

- 认知（Awareness）：使用"七何分析法"分析企业能从全方位整合式思维中获益多少。

- 对齐（Alignment）：在 VUCA、数字化转型、项目驱动的商业环境中，为什么全方位整合式思维可以让学习的速度快于商业环境变化的速度？为什么全方位整合式思维的概念、能力和连接对于更好地管理人、流程和实体世界至关重要？

- 行动（Action）：整体解决方案中的九宫格解决方案对创新战略的实施至关重要，它可将其转化为战略上可接受、财务上合理、战术上可行、商业价值最高、风险最低的项目。我们还必须知道如何运用全方位整合式思维来改变我们思考、工作、行为和表现的方式。

- 实施（Adoption）：谁有能力使用变革管理的 80/20 原则，通过关注利益相关者价值来克服变革的阻力？变革的本质是创造关键的变革推动者，他们执行创新战略，将其转化为项目集和项目的组合，以获得卓越的执行力。

- 巩固（Assurance）：战略目标、业务目标和运营目标能否实现取决于是否采用一致、持续、可管理的企业关键绩效指标，以获得最佳的成本、绩效、经验和价值创新。

- 预测（Anticipation）：战略实施的风险在哪里？风险升级为危机的痛点在哪里？降低已知—未知风险的应对策略是什么？在新常态下，对于像出现未知疫情这样的风险，我们有什么应对策略？制订风险应对策略和风险应对计划至关重要。风险应对计划中应该有一个内置的触发器，可清晰表明风险何时被触发。

全方位整合式思维应用©PBAAL来增强企业整合、实施、创新和改进的能力，推进精益和敏捷的工作方式，提升企业执行能力的成熟度[11]。清晰的规划、对关键资源的有效监督和控制、有效的决策和转型变革管理，有助于实现高绩效的组织文化。通过项目的成功实施，执行创新战略有助于尽可能地掌握和应用关键资源，从而优化对人、流程和实体世界的管理。

- 短期战略（1~3年）：管理现有项目。
- 中期战略（3~6年）：有选择地放弃一些高风险和低商业价值的项目。
- 长期战略（10年甚至以上）：创建未来具有最高商业价值和最低风险的项目。

要想取得成功，创新战略管理办公室（Office of Strategy Innovation Management，OSIM）是必不可少的。与传统的项目管理办公室（Project Management Office，PMO）的不同之处在于，OSIM 在战略层面上与高管协作，以确保项目为整体利益服务。CEO 兼任首席项目官（Chief Project Officer，CPO）将有效地推动创新战略的执行[12]。这是通过将关键资源分配到项目集和项目中来实现的。战略、结构和文化的整合需要组织改变其思考、工作、行为和表现的方式才能取得成功（见图 10 和图 11）。

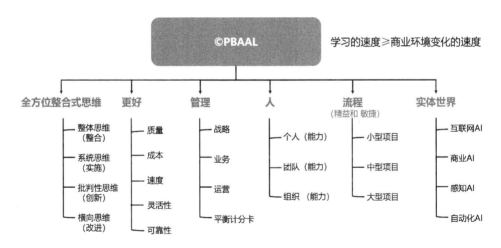

图 10 优化管理人、流程和实体世界的全方位整合式思维模型

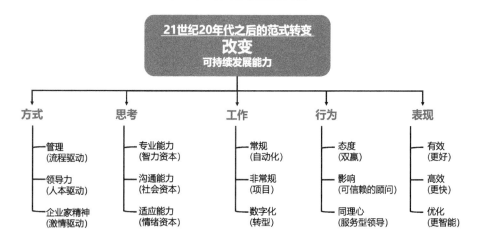

图 11　为可持续发展能力改变我们思考、工作、行为和表现的方式

目　录

第一章　认知 1

什么是全方位整合式思维？

第二章　对齐 53

为什么全方位整合式思维与更好地管理人、流程和实体世界有关？

第三章　行动 71

如何运用全方位整合式思维改变我们思考、工作、行为和表现的方式？

第四章　实施 113

谁来执行创新战略，将其转化为项目集和项目的组合，以实现卓越执行？

第五章　巩固 137

组织何时能够实现卓越的执行能力，从而实现最佳成本、最佳性能、最佳体验和最佳性价比？

第六章　预测 163

　　预测阻碍战略实施的风险所在。

结语　洞悉 185

关于作者 197

致谢 198

附录 A　缩略语 199

参考文献 202

第一章　认　　知

什么是全方位整合式思维?

引　言

图 12 呈现了 21 世纪 20 年代之后思维技能的新范式。思维技能的发展一般遵循图中所示的顺序，但并不总是严格的，有时会有重叠。学者和从业人员每天都会解决简单或复杂的问题，他们的共同目标是使用不同的方法评估、解释、探索和实验，将复杂的问题转变为简单、可靠、可重复、可预测的解决方案。正如现代管理学之父彼得·德鲁克（Peter Drucker）所倡导的那样，"管理是一种实践，而不是一门科学；就像治疗疾病一样，最重要的是患者的康复，而不是医生是否正确"。[13]托尼·瓦格纳（Tony Wagner）在他的著作《创新者的培养》中指出，"世界并不关心你知道什么，世界关心的是你如何利用你所知道的"。

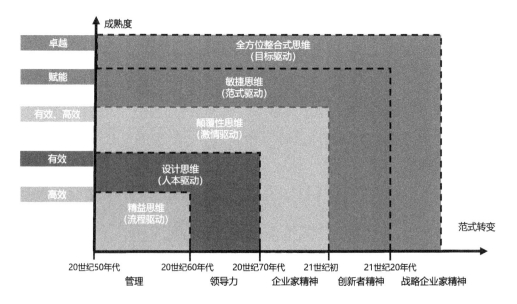

图 12　21 世纪 20 年代之后思维技能的新范式

全方位整合式思维是一种现代常识，可以磨炼和塑造未来在真实商业环境中发挥作用的技能。虽然我们不能改变世界，但我们可以改变我们的思考方式。因此，改变我们的思考方式是第一步，也是至关重要的一步。

表 2 展示了一系列引人注目的思维技能的精髓，这些技能有助于优化对人、流程和实体世界的管理，但这个表并不详尽。

表 2　21 世纪 20 年代之后 5 种常见思维技能的精髓

思维技能	特点	衡量标准	衡量标准	一致的战略
全方位整合式思维	目标驱动	卓越	最低单位成本：5Ms 在供应链中的综合生产力	战略企业家精神（最高战略执行）
敏捷思维	范式驱动	赋能	灵活性：最小业务增量或最小可行产品	创新者精神（价值创新）
颠覆性思维	激情驱动	有效、高效	可靠性：正确地做正确的事	企业家精神（客户解决方案）
设计思维	人本驱动	有效	质量：正确地做事	领导力（产品领先）
精益思维	流程驱动	高效	速度：做正确的事	管理（卓越运营）

此外，德鲁克还提出，"管理、领导力和企业家精神是同一工作的重要组成部分。它们就像来自同一身体的手、鼻子和嘴巴"[14]。因此，管理的精益思维（流程驱动）、领导的设计思维（人本驱动），以及创业的颠覆性思维（激情驱动）的基本原理已经成为常识。作者通过应用敏捷思维来实现价值创新（通过改变我们的思考、工作、行为和表现方式的范式驱动），发明了"创新者精神"（Innopreneurship）这个术语。全方位整合式思维包括精益思维、设计思维、颠覆性思维和敏捷思维，由"战略企业家精神"（Stratepreneurship）（目标驱动）统一为最高战略执行。这就是 5 种常见的思维技能。

表 3 囊括了精益思维、设计思维、颠覆性思维和敏捷思维，最终形成全方位整合式思维。本书聚焦于目标驱动的全方位整合式思维。

表3　不同思维技能及其对应能力的共同目标和战略

共同目标	清晰规划	有效监督和控制	有效决策	有效管理变革	战略
全方位整合式思维（完整的）	整体思维（整合能力）	系统思维（实施能力）	批判性思维（创新能力）	横向思维（改进能力）	目标驱动（战略企业家精神）
敏捷思维	八大原则	七大承诺	八大指南	计划—执行—检验—行动或计划—执行—学习—行动循环	范式驱动（创新者精神）
颠覆性思维	• 重新思考 • 重新想象 • 重新塑造 • 重新规划 • 重新设计 • 重新激活	• 关联 • 质疑 • 观察 • 网络 • 试验	• 最佳成本 • 最佳性能 • 最佳体验 • 最佳性价比	• 灵活的 • 多样的 • 适应性强的	激情驱动（企业家精神）
设计思维	• 嗅觉 • 视觉 • 听觉 • 味觉 • 触觉 • 直觉	• 认知 • 对齐 • 行动 • 实施 • 巩固 • 预测	5个关键绩效指标 • 质量 • 速度 • 成本 • 灵活性 • 可靠性	• 白帽：善于分析 • 红帽：有激情 • 黑帽：审慎 • 黄帽：关注利益 • 绿帽：创新 • 蓝帽：有远见	人本驱动（领导力）
精益思维	五大原则	四大承诺	四大指南	精益之屋	流程驱动（管理）

全方位整合式思维的定义

　　全方位整合式思维由4种思维技能组成，它们与实现整合、执行、创新和改进的顶层能力密不可分。

● 整体思维：将各个部分组合在一起，以实现清晰的规划。

- 系统思维：将正确的部分放在正确的位置，以进行有效的监督（人）和控制（流程）。

- 批判性思维：用新的、改进的和相关的部分替换过时的、多余的和不相关的部分，以进行有效的决策。

- 横向思维：通过创建新的、改进的部分来适应下一个变革/创新周期，以实现持续改进。

全方位整合式思维的主要目标是达到：

- 通过整体思维清晰规划人、流程和实体世界。

- 通过系统思维促进项目成功实施。

- 通过批判性思维确定创新战略。

- 通过横向思维不断改进来保持与时俱进，从而比竞争对手更快、更好、更智能，以实现可持续的竞争优势。

这需要全脑参与协同。缺少其中任何一个部分，都不能完整地参与分析、计划、组织、领导、合作和控制的过程，导致次优化、利用不充分和强化不足[15]。

全方位整合式思维远不止于此。它是 4 种思维技能的统一，包括交互的 4 个方面——左（系统思维）、右（整体思维）、中心（批判性思维）和分析同一问题的大脑的不同部分（横向思维）[16]。

横向思维是整体思维、系统思维性和批判性思维的基础，如图 13 所示。

横向思维提供了一个整体的解决方案，确保各个部分是连贯的，并实现了良好的契合（整体思维），始终如一地达到所需的性能（系统思维），同时保持敏捷、战略可接受性和财务合理性。这使得实现业务目标（批判性思维）成为可能，要从 6 个不同的视角来评价卓越和领导人、流程、实体世界所需的基本改进。

在 VUCA 商业环境中，使用全方位整合式思维更容易实现持续改进，以及应对不可避免的变化。我们被全球化的 14 种力量以及工业 4.0 向 5.0 过渡的数字化转型"侵袭"[18]。全方位整合式思维的特点是引导不确定性，拥抱敏捷，以及更快地学习[19]。

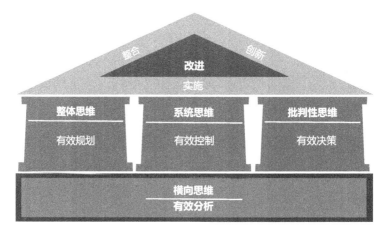

图 13　横向思维是整体思维、系统思维和批判性思维的基础

全方位整合式思维是必然的。它对企业生存至关重要。这意味着优化整体，并应用敏捷和精益原则，以获得可持续的竞争优势[20]。

总之，全方位整合式思维是目标驱动的。它应用 4 种思维技能来利用、优化和强化关键资源。在企业的供应链增值管理系统中，能够提高 5Ms 的综合生产力，从而获得最低单位成本。

- 资金生产力——最高的商业价值和最低的风险。
- 人力生产力——精益和敏捷劳动力的多任务处理。
- 机器生产力——最高的利用率和占地面积的优化。
- 原材料生产力——实现可持续绿色环境的最少浪费。
- 方法生产力——加强现代技术和相关技术。

5Ms 是反映最佳成本、性能、体验和性价比的重要指标。图 14 给出了更好地管理人、流程和实体世界的 S-I-O-M 模型，该模型能够衡量一项战略的成功程度。

可以肯定的是，有 4 种类型的战略是连贯的[21, 22]：

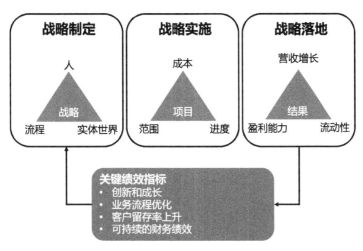

图 14　S-I-O-M 模型

- 卓越运营，以获得最佳成本（基础设施管理——自动化操作流程和工作程序，简化操作和降低成本）。

- 产品领先，以获得最佳性能（产品创新——由于差异化因素或利益相关者的支付意愿，实现溢价）。

- 客户解决方案，以获得最佳体验（利益相关者价值管理——通过个性化服务和定制化产品来满足不同利益相关者的需求，提供独特的利益相关者价值范围）。

- 价值创新，以提高性价比（通过消除、减少、提高或创造影响利益相关者支持产品/服务决策的因素，增加利益相关者的价值并降低成本）。

连贯的战略通过排列过优先级的项目实施，这些项目应按以下指标实施：

- 范围（包括质量标准/规范）。

- 进度。

- 成本。

这得到了一系列工具（流程驱动；硬技能——流程和实体世界管理）和技术（人本驱动；软技能——影响人们的领导力和创新者精神）的支持。诚然，积累和利用经验教训是至关重要的。领导者是人，管理、领导力和企业家精神是流程驱动的，在流程中使用的技能是可以学习的。全方位整合式思维可以改变人们学习的方式——首先改变人们的思考方式；随着时间的推移，人们将改变自己的工作方式；通过养成更好的习惯，人们会改变自己的行为方式；最终，作为一个拥有经过培训、发展和培养的人力资本的组织，其整体表现将优于其他组织。

在整个项目中使用©PBAAL，学习的速度要快于商业环境变化的速度。在这个过程中，可以获取丰富的经验教训，将隐性知识转化为可用的显性知识（如知识产权），以系统和结构化的方式，全局而不是局部地提高整合、实施、创新和改进的能力。

图15显示了S-I-O-M模型的全方位整合式思维分解结构，以便更好地对人、流程和实体世界进行管理。

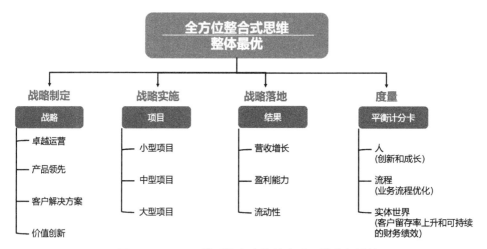

图15　S-I-O-M模型的全方位整合式思维分解结构

战略为公司想要在哪些方面表现出色及如何做到这一点提供了方向。战略需要根据商业环境的变化而变化，同时保持组织的价值观不变。因此，一个连贯的战略可以将在最佳成本下实现卓越运营作为中期战略（5年），然后逐渐转移到产品领先的长期战略（超过10年）。例如，丰田通过雷克萨斯、日产通过英菲尼迪来竞争豪华汽车市场细分领域。整体思维对于组织来说至关重要，它使组织能够将战略、业务和运营目标与通过排列过优先级的项目成功实施战略的目标相结合。这在战术上是可行的，因为系统思维能够有效地监督人和控制流程，同时借助批判性思维的创新能力，可以使速度更快、质量和成本更好、表现更灵活和交付更智能。为了持续改进，必须获得内部及外部利益相关者的支持，可以从 6 个角度思考他们的宝贵意见［用已故的爱德华•博诺（Edward Bono）的六项思考帽[17]表示］。

- 蓝帽：有远见和大局观。

- 绿帽：有创意和创新意识。

- 红帽：有激情，从感觉和直觉的角度思考。

- 黄帽：从利益和业务增值的角度思考。

- 黑帽：从风险评估和审慎的角度思考。

- 白帽：从证据和信息收集的角度思考。

为了实现最大效益，利益相关者必须在所有 6 个角度都有同理心。

表 4 显示了全方位整合式思维的关键要素。

表 4　全方位整合式思维的关键要素

战略	原则	承诺	指南
• 卓越运营（最佳成本） • 产品领先（最佳性能） • 客户解决方案（最佳体验） • 价值创新（最佳性价比）	• 持续改进 • 通过排列过优先级的项目实施战略 • 执行能力取决于所处生命周期成熟度的阶段 • 整体解决方案着眼于全局而不是局部 • 增强个人、团队和组织之间的协同	• 人：执行纪律（更智能） • 流程：执行能力（更好） • 实体世界：执行速度（更快）	• 利用：人（多任务处理能力）、流程（单位最低成本） • 优化：5Ms的综合生产力 • 强化：价值链上的总的商业增值
整体思维 （整合能力）	系统思维 （实施能力）	批判性思维 （创新能力）	横向思维 （改进能力）

- 4 种连贯的战略（如何实现）：卓越运营、产品领先、客户解决方案、价值创新，作为整合的战略。

- 5 个原则（为何而做）：持续改进，通过排列过优先级的项目实施战略，执行能力，整体解决方案，增强个人、团队和组织之间的协同。

- 3 个承诺（如何合作）：执行纪律上更智能，执行能力上更好，执行速度上更快，从而击败竞争对手。

- 3 个指南（如何增效）：有效利用和优化，并将 5Ms 和人、流程、实体世界等关键资源作为一个统一的整体加以强化。

如果我们需要改变，第一步是改变我们的思考方式，我们需要从全局出发，而不是只着眼于局部。

战略实施的全方位整合式思维

"制定战略很容易，实施起来很难。"尽管有众多 MBA 毕业生从世界各地的管理学院毕业，但很少有人真正学会如何实施战略。从 20 世纪 70 年代初管理教育开始普及至今，战略实施的成功率一直保持在 30%。这与战略有多高明无关，而与在执行过程中能否选择正确的人强化执行纪律，能否使用正确的流程提高执行能力，以及能否使用正确的实体世界提高执行速度有关[23]。因此，"我们押注的是人而不是战略"的说法只说对了一半，它将导致绩效的次优化。那么，什么才是正确的方法呢？

全方位整合式思维定义了什么是战略实施目标、对应的范式，以及为实现目标而要优先完成的项目（见图 16）。必须由正确的人（利益相关者）、流程（利益相关者参与）和实体世界（通过消除沟通障碍来监督利益相关者，并使用正确的度量标准控制绩效）来支持连贯的战略。

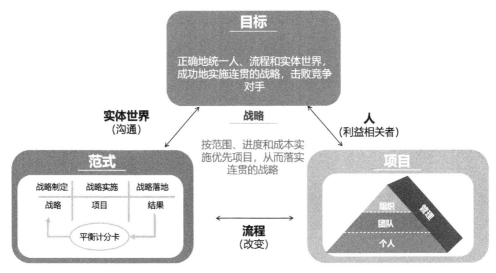

图 16 战略实施的全方位整合式思维概念图

在图 16 中，核心是目标，这对于在不同的管理梯队之间对齐认知，从而关注共同的目标是至关重要的（见图 17）。目标必须与使命、愿景和价值观保持一致[24]。

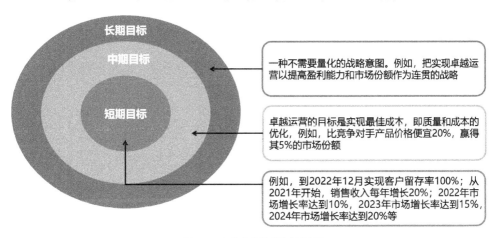

图 17 3 个不同层次的目标

全方位整合式思维的另一个重要工具是维恩图（见图 18）。S-I-O-M 模型明确了阻碍战略成功执行的 3 个差距。首先是战略制定和战略实施之间的差距。高级管理人员的关注不足将导致绩效不佳。项目是投资得到批准的结果。帕累托原则（80/20 原则）指出，管理层应该通过部署"项目化结构"，将 80%的时间集中在项目上。每个项目都应该使用 20%的时间来管理 5Ms 的生产力。平均而言，管理层将能够成功地跟踪和管理 3 个重要的项目。

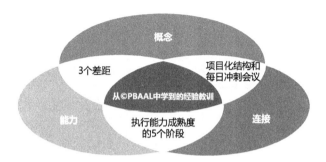

图 18　战略实施的概念、能力和连接的维恩图

其次是战略实施到战略落地之间差距。战略实施需要正确的团队按范围、进度和成本完成项目。据报道，只有 70%的项目按计划成功地完成 [25]。项目延迟会带来销售收入的损失。项目延迟可能是由于低估了由项目执行能力引起的项目复杂性[26]。为了达到成熟，项目需要经历 5 个阶段的开发、培训和转型。如果项目与组织的能力水平相一致，问题会少一些。如果项目超出了组织的能力水平，那么将会有许多障碍，项目可能会失败。

最后是知识和实践之间的差距。吸取的经验教训可以积淀为组织文化的一部分，用于持续改进。至关重要的是，要系统化、结构化地记录、讨论并利用这些经验教训。精益敏捷方法鼓励每日冲刺会议，关注昨天做了什么，今天需要完成什么，以及管理层必须解决的障碍是什么，以提高综合生产力。这是一个好习惯实践。

图 19 补充了对©PBAAL 的讨论，以实现持续改进。在 VUCA 商业环境中，学习的速度要快于商业环境变化的速度。要与时俱进、随机应变，以应对全球化的影响。

制定战略的目的是决定一个连贯的战略，并将其转化为一系列优先实施的项目。如果项目按范围（包括质量和规格）、进度和成本完成，那么连贯的战略就是成功的。

战略制定	战略实施	战略落地
通过商业计划来制定连贯的战略	通过排列过优先级的项目实施商业计划	保证项目计划按范围、质量、进度完成

为了取得成功，需要通过排列过优先级的项目制定连贯的战略，以监督人和控制流程，并且提供正确的实体世界

在©PBAAL中持续改进

图 19 从©PBAAL 中吸取经验教训的重要性

经过深思熟虑的战略需要得到正确的组织结构的支持。1962 年以来，钱德勒（Chandler）主张"结构遵循战略"[27]。然而，如果使用正式的矩阵式组织结构来应对商业环境的不断变化，执行能力将无法满足利益相关者的期望。项目化结构是一种经过验证的更好的结构，可以更快、更好、更智能地实施连贯的战略。有些组织做到了极致，称之为"战略管理办公室（Office of Strategy Management，OSM）"[23]或"战略创新管理办公室（Office of Strategy Innovation Management，OSIM）"[28]。

如图 20 所示，CEO 扮演双重角色，兼任 CPO。最重要的是，项目化结构是有效的[29, 30]。

全方位整合式思维用人体作类比，如果人体结构只能承载 100 千克，就不要冒险扛起 300 千克的重物。这会破坏人体结构。

为了使人体正常运作，必须利用、优化和强化五大器官（大脑、心脏、肝脏、肾脏和肺）以保持健康。对于一个组织来说，它相当于连贯的战略、人、流程、实体世界和项目化结构（其中 CEO 兼任 CPO）。

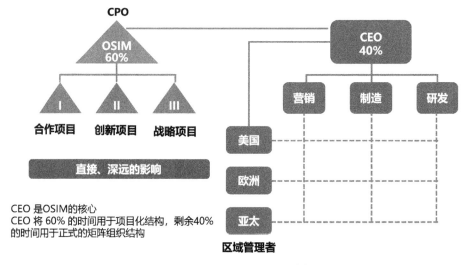

图 20　CEO 兼任 CPO 的项目化结构示例

项目管理的全方位整合式思维

图 21 描述了采用全方位整合式思维的现代项目管理系统，其应用了 4 种类型的思维技能。

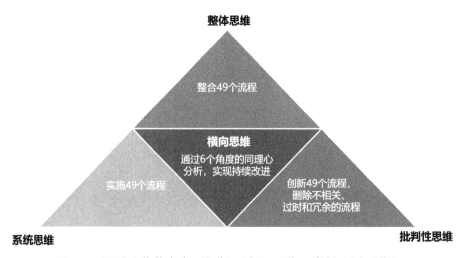

图 21　采用全方位整合式思维进行分析，以满足利益相关者的期望

表 5 将 5 个过程组展开，整合 49 个流程。

每个过程都由系统图（见图 22）定义，以确定输入—过程—输出关系，并辅以监督和控制，形成闭环系统。由 49 个流程组成 5 个过程组[31]。

- 启动（2 个流程）。

- 规划（24 个流程）。

- 执行（10 个流程）。

- 监督和控制（12 个流程）。

- 收尾（1 个流程）。

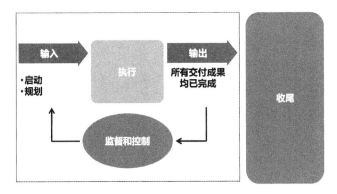

图 22　5 个过程组的系统图

决策树是可以用批判性思维得出最佳决策的有效分析工具。获得关键利益相关者的支持是必要的，因为他们可以影响项目的成败。考虑同理心的横向思维非常重要，因为可以理解对方的思考方式。相互理解是克服变革阻力的有效"解药"。

表5　49个项目管理流程

知识领域	项目管理过程组				
	启动过程组	规划过程组	执行过程组	监督过程组	收尾过程组
项目集成管理	制定项目章程	制订项目管理计划	• 指导和管理项目工作 • 知识管理项目	• 监控项目工作 • 执行综合变化 • 控制	结束项目或进展
项目范围管理		• 范围管理计划 • 收集需求 • 定义范围 • 创建WBS		• 验证范围 • 控制范围	
项目进度管理		• 计划进度管理 • 定义活动 • 活动排序 • 估算活动持续时间 • 开发进度		控制进度	
项目成本管理		• 成本管理计划 • 估计成本 • 确定预算		控制成本	
项目质量管理		质量管理计划	管理质量	控制质量	
项目资源管理		• 资源管理计划 • 估算活动资源	• 获取资源 • 发展团队 • 管理团队	控制资源	
项目沟通管理		沟通管理计划	沟通管理	监督沟通	
项目风险管理		• 风险管理计划 • 识别风险 • 进行定性风险分析 • 进行定量风险分析 • 计划风险应对	应对风险	监督风险	
项目采购管理		• 计划采购管理	进行采购	控制采购	
项目利益相关者管理	识别利益相关者	计划利益相关者参与	管理利益相关者参与	监督利益相关者参与	

[来源：《PMBOK®指南》（第6版）]

　　项目管理是所有管理者为非常规工作创建通用语言的核心能力之一[32]。项目比常规工作具有更高的商业价值，后者最终将被自动化和人工智能所取代。提供完整、全面的解决方案的整体思维，或者统一10个知识领域的全脑思维是至关重要的[33]。在工业从 4.0 向 5.0 的演变过程中，以数字化转型为动力的项目驱动型经济成为优先选择[34]。图 23 和图 24 描述了将 10 个知识领域、5 个过程组和 49 个流程集成为项目成功的整体解决方案。

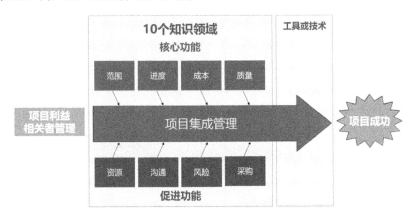

图 23　涵盖 10 个知识领域的整体解决方案

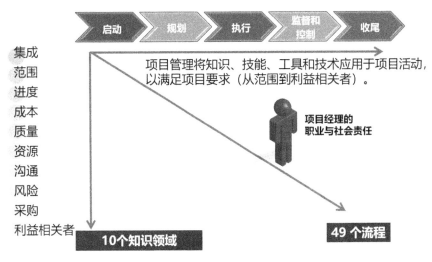

图 24　10 个知识领域、5 个过程组和 49 个流程（PMBOK®）

在所有行业中，项目管理始终排在最受欢迎的技能前 5 名[35]。然而，我国获得认证的项目管理专业人士的数量仍远低于世界平均水平。到目前为止，只有不到 35% 的项目是按范围、进度和成本完成的。根据项目管理协会（Project

Management Institute，PMI）的数据，2023 年，每花费 10 亿美元用于建设项目，就有 1.27 亿美元被浪费。PMI 主动推出新的 PMI 建筑专业认证，利用整体解决方案实施最佳实践，打造更加可持续的未来[36]。

从目前的情况来看，除非每个组织明确它们的项目管理能力成熟度水平，否则它们将无法更快、更好、更智能地利用、优化和强化战略实施的关键资源，以击败竞争对手。项目管理能力的 5 个阶段如图 25 所示。

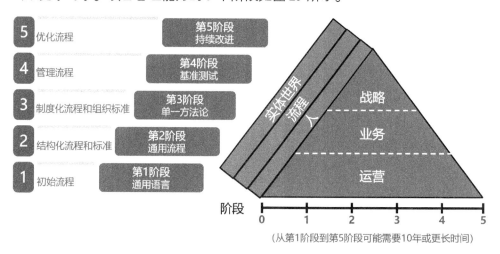

图 25　项目管理能力成熟度模型[37]

这和人体是一样的。无论你为了抗击病毒接种了多少次疫苗，每次接种新的疫苗时都必须通过相关的血液检测来确定你的抗体耐药性。常识指出了事情的本质。更好的项目管理实践需要常识。

事实上，PMI 自 1969 年成立以来，一直在现代项目管理的教学和培训中实践全方位整合式思维。要获得项目管理专业人士（Project Management Professional，PMP）认证，人们需要具备 4 种思维技能，即：

- 整合项目管理 49 个流程的整体思维。
- 监督和控制项目变更的系统思维。

- 根据情况选择最合适的决策的批判性思维（考试有 180 道选择题，需在 230 分钟内完成）。

- 考虑利益相关者的战略和参与情况，以克服变革的阻力并将沟通障碍的风险最小化的横向思维。

通过对概念（人代表执行纪律）、能力（流程代表执行能力）、连接（实体世界代表执行速度）进行更好的管理，项目实施中产生的第二个差距将被弥合。

为了在新常态下实现快速成长，我们需要改变思考、工作、行为和表现的方式。我们需要围绕 21 世纪 20 年代的范式转变进行转型，否则将面临"灭绝"的危险。图 26 是现代项目管理的全方位整合式思维概念图。

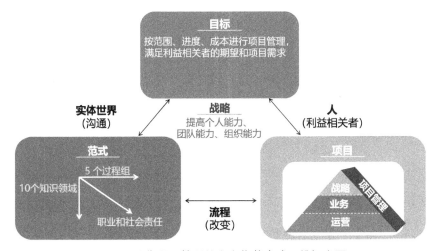

图 26　现代项目管理的全方位整合式思维概念图

运营管理的全方位整合式思维

参考 S-I-O-M 模型，第一步是在战略结束时确定连贯的战略。下一步是将连贯的战略转变为一系列排列过优先级的项目。如果项目在范围内（包括质量标准及其规范）完成，符合监管要求，并且按进度、成本完成，那么运营上就可以开始生产产品/服务来交付业务成果。这是常规的运营管理方法。但它不足以管理贯穿整个业务的战略风险。

运营管理的全方位整合式思维从制定战略开始，一直持续到通过企业平衡计分卡来衡量达到预期绩效为止。运营管理的全方位整合式思维贯穿整个业务价值链，通过尽可能地降低管理费用和间接成本来实现最佳单位成本。这需要综合运用 4 种思维技能来解释。

图 27 是运营管理的全方位整合式思维的基本系统图。让我们从结果开始解释系统图——"运营上实现最佳单位成本"。作为连贯的战略的一部分，输入也需要卓越运营。项目需要按范围、进度、成本完成。企业平衡计分卡用来监控实际管理费用和间接成本与目标的差距。

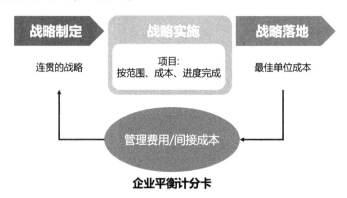

图 27　运营管理的全方位整合式思维的基本系统图

图 28 展示了一个完整的运营管理的全方位整合式思维系统图,输入端的资源有人力、资金、原材料、机器、方法。输出是关键绩效指标，包含成本、质量、速度、灵活性和可靠性。企业平衡计分卡用于衡量员工创新战略为项目带来的营收增长、内部业务流程优化、客户留存率和满意度的提高，以及可持续的财务绩效。这提高了企业的盈利能力。许多组织未能在项目供应链中实现持续的业务增值。这些组织面临着激烈的竞争，并且可能被那些成功实施精益和敏捷的组织淘汰。改进必须贯穿整个供应链。

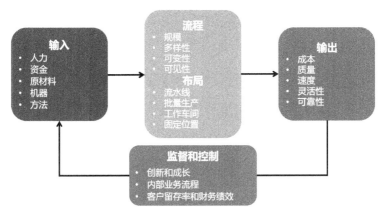

图 28　完整的运营管理的全方位整合式思维系统图

在确定了需要监督和控制的内容，即创新和成长、内部业务流程、客户留存率和财务绩效之后，最后一步是确定将 5Ms 转化为最终产品/服务的流程和布局。关于人、流程和实体世界的**三大指南**是:

（1）利用人力（多任务处理以达到最低的生产成本，借助实体世界的帮助改进执行速度）。

（2）优化 5Ms，实现产品零缺陷和客户零投诉。

（3）强化供应链的商业价值，通过与主要供应商/承包商建立合作伙伴关系，从而实现双赢。

为了更好地实践，必须通过应用以上三大指南来不断提高综合生产力。

- **流程**：规模经济通过限制产品品种（多样性）来实现；范围经济通过增加产品品种来实现，以获得市场份额，对利润的关注较少。合成经济是利用一体化的全球供应链来达到最低的单位生产成本。可变性取决于不断变化的客户需求，即季节效应（时尚）或趋势（技术）。可见性指的是公开产品是如何按照 ISO 9000 质量管理体系生产的。

- **布局**：布局的类型取决于产品的产量和复杂性。例如，酒店和飞机场的位置是固定的，裁缝和汽车机械师有工作车间。计算机服务器和公共汽车有批量生产布局，电动汽车生产和炼油厂有流水线。未来是自动化的——一个拥有无人柔性生产系统的智能工厂。

为了保持竞争力，需要统一设计思维和颠覆性思维。这可以将昂贵和复杂的产品/服务转变为负担得起的和简单的产品/服务，带来颠覆性创新。运营管理的全方位整合式思维还包含其他思维技能，可以利用这些技能来实现卓越运营。最终目标是提升企业的利润以及市场份额。

在数字化转型中，仅仅依靠世界级的制造是不够的，还必须与世界级的营销相结合，才能蓬勃发展，从而击败竞争对手。运营管理的全方位整合式思维指的是通过分析结果，整合不同的概念、想法、流程，然后制定连贯的战略来提高利润和市场份额的能力。图 29 显示了这个过程的 5 个层次。

第一层：客户的忠诚度——专注于全面的优质服务。

第二层：员工的承诺——人力资源管理的正确态度。

第三层：供应商的合作——供应链管理的正确连接。

第四层：分销商的合作——网络管理的正确渠道。

第五层：竞争者的尊重——世界级制造和世界级营销的正确战略。

这 5 个层次的能力进阶，与为实现利润和市场份额所需要的组织价值观（行为方式）、使命（核心能力）、愿景（独特的能力/品牌领导地位）相一致。

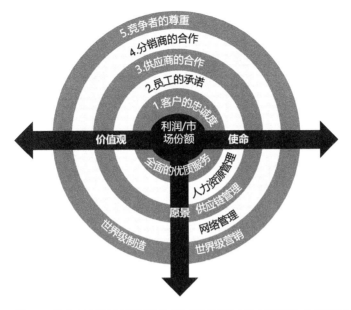

图 29　综合运用世界级制造和世界级营销以提高利润和市场份额

　　图 30 呈现了运营管理的全方位整合式思维追求卓越的 5 个能力层次的整体方法。利用现代奥林匹克管理系统（Management By Olympic System，MBOS）来开发、培训和培养企业/管理界的奥林匹克运动员[6]是可以实现的。关键利益相关者的合作伙伴关系具有复杂的相互关系，可强化供应链增值管理。理解和运用这个统一、系统、全局的方法，有利于实现共赢。

　　运营管理的全方位整合式思维的第一个能力层次的重点是通过全面的优质服务来确保客户满意，从而提升客户的忠诚度。公司之间的竞争是通过客户重复购买赢得的。只有客户忠诚才能使公司获得更好的财务绩效。第二个能力层次（员工的承诺）、第三个能力层次（供应商的合作）和第四个能力层次（分销商的合作）是在伙伴层面促进业务增值，共同致力于为客户服务。利益相关者价值管理对于建立有效的关系链至关重要，具体包括：

　　● 通过人力资源管理来获得员工的承诺，确保低员工离职率和高士气，以提
　　　　高劳动力的竞争力。

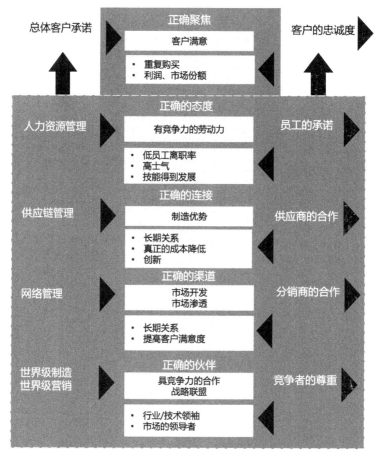

图 30　世界级企业的五个能力层次

- 通过供应链管理来获得供应商的合作，确保长期的制造优势。

- 通过网络管理，与经销商合作，确保长期的市场开发和市场渗透。

第五个能力层次（竞争者的尊重）只能通过世界级制造和世界级营销这两大支柱，从高绩效的组织文化中获得。与全球参与者之间的竞争合作将决定谁能成为行业/市场的奥林匹克冠军[6]。

运营管理的全方位整合式思维的**五大原则**通过批判性思维的 5 个"为什么"来呈现，如表 6 所示。图 31～图 35 揭示了每个原则的要点。在 VUCA 商业环境中，全方位整合式思维是优化管理人、流程和实体世界的一种令人信服的方法。

表6 运营管理的全方位整合式思维的五大原则

五大原则	描 述
全球化14种力量带来了持续的变化	全球化14种力量影响国家、行业、机构、社区、公司，最终影响每个人
战略实施取决于拥有正确的人、流程和实体世界	战略在战略层面决定，并转化为业务计划，在运营层面作为项目计划实施。运营管理的全方位整合式思维将所有3个层面与战略意图、具体可交付成果和关键绩效结果这三个目标联系起来
执行能力取决于组织项目管理能力的成熟度	组织基于实际情况，专注于构建其核心能力，通过组织发展的5个阶段，达到具有可持续长期竞争优势的成熟阶段
供应链增值管理系统的整体解决方案取决于正确地做正确的事	整体解决方案集成了5个层次的供应链增值的有效性和综合生产力，以实现成本、质量、速度、灵活性和可靠性的优化
持续改进的能力取决于个人能力、团队能力和组织能力	每个组织都需要考虑工业4.0的范式转变，在数字化转型时代过渡到工业5.0。这可以通过改变我们思考、工作、行为和表现的方式实现

为了获得最佳绩效，其他思维技能（精益思维、设计思维、颠覆性思维和敏捷思维）也会被利用，以在整个商业价值链中发挥最大优势。

运营管理的全方位整合式思维是一个统一的概念，能不断提高整合、实施和创新的能力，从而获得卓越的执行能力，更好地应对全球化14种力量所带来的持续变化。

原则一：全球化14种力量带来了持续的变化。图31和表7解释了全球化14种力量以及每种力量的影响。

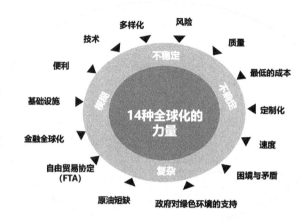

图 31 全球化 14 种力量对 VUCA 商业环境的影响

表 7 全球化 14 种力量

14 种力量	解 释
多样化	来自世界各地的更广泛的产品和服务
基础设施	基础设施是经济社会可持续发展的必要条件之一
自由贸易协定（FTA）	自由贸易协定为其他国家鼓励国内改革和贸易自由化提供了好处
政府对绿色环境的支持	政府采取环保行动，防止/修复环境损害，如全球化生产造成的工业废物对空气和海洋的污染
金融全球化	金融全球化使各国经济融入一个单一的全球金融体系
原油短缺	由于全球化，对石油的需求呈爆炸式增长
技术	技术的存在是数字生态系统加速全球化的主要原因之一
便利	物流和便利性是全球化运营的有力竞争力
速度	最短的创新周期是一种竞争优势，能够快速响应市场趋势，率先成为市场领导者
困境与矛盾	在供应链管理中，对最低成本、最快交付和最高质量的需求是相互冲突的
定制化	可针对价值链中的目标细分市场定制多样化的产品
最低的成本	通过高附加值和优秀的全球供应链管理系统降低成本
质量	以合理的价格提供最高质量的产品和服务
风险	市场、金融、文化、政治四类风险因素"未知—未知、未知—已知、已知—未知、已知—已知" 正面风险（机会）和负面风险（威胁）

图 31 显示了全球化 14 种力量。这些力量导致商业环境不断变化，变得不稳定、不确定、复杂和模糊。没有一个组织能幸免。然而，这 14 种力量的强度将根据国家竞争力、行业吸引力和组织适应性而变化。为了切合时宜，保持可持续的竞争优势，组织必须灌输敏捷思维，并调整四个连贯的战略，以保持精益和敏捷。

四个连贯的战略是：① 卓越运营以获得最佳成本；② 产品领先以获得最佳性能；③ 全面客户解决方案以获得最佳体验；④ 价值创新以获得最佳性价比（也被称为"蓝海战略"）[22]。

原则二：战略实施取决于拥有正确的人、流程和实体世界。图 32 阐明了战略、业务和运营目标需要与关键资源能力的整合、连贯的战略保持一致和联系。运营管理的全方位整合式思维的**三大承诺**是：与竞争对手相比，更智能、更好和更快。

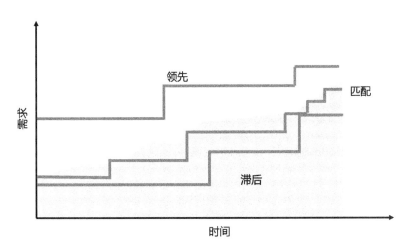

图 32　用于领先、跟踪、追随市场的关键资源配置和利用能力

（1）人们需要贯彻执行纪律。

（2）人们需要执行能力，因为从正式的©PBAAL 中吸取了经验教训。

（3）人们需要配备正确的实体世界，即达到数字化转型时代执行速度的工具

（硬件）、技术（软件）、科技（物联网和人工智能）。这就是批判性思维对创新战略发挥作用的地方，包括短期创新项目（最长 3 年；利用全球外包获得额外产能）、中期战略项目（最长 6 年；通过投资新设施来匹配产能）、长期突破项目（10 年以上；通过领先的产能和能力，推动全球扩张，以获得利润和市场份额）。

管理费用和间接成本控制在最低水平是很重要的。

原则三：执行能力取决于组织项目管理能力的成熟度。图 33 不断提醒着每个野心勃勃的组织，高绩效的组织文化不可能在一夜之间创建。它需要所有变革推动者的正确态度、承诺和同理心来协同工作，并以正确的步伐通过组织发展的5 个阶段——有计划的变革。

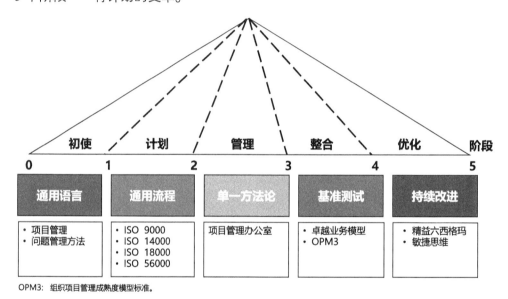

图 33　组织发展能力成熟度模型的 5 个阶段

此外，组织必须专注于其核心竞争力及使命——我们为什么存在。核心竞争力需要满足 3 个条件[38]：

（1）独特性：订单赢家。与赢得业务直接和显著相关的事情，即为什么客户选择你而不是竞争对手；产品/服务能够超越竞争对手的最佳方面。

（2）可扩展性：提供了开发新产品、进入新市场的能力。

（3）难以模仿：组织文化是主要的驱动因素、差异化因素。

原则四：供应链增值管理系统的整体解决方案取决于正确地做正确的事。图 34 显示了公司的 5 个最重要的关键绩效指标的沙锥模型[40]。对于运营管理的全方位整合式思维来说，供应链增值管理系统应该具有足够的灵活性，以适应商业环境的不断变化。这是通过 5 个层次的统一利益相关者价值管理系统实现的。这带来了成本、速度、可靠性（供应商和承包商交货承诺的可靠性）和质量等关键绩效指标的双赢。灵活性保证了从传统的权衡方法转变为敏捷思维技能的特征——迭代、增量和业务增值。

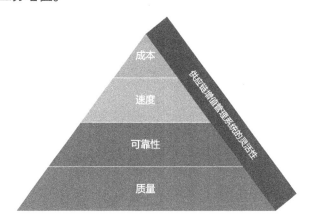

图 34　5 个最重要的关键绩效指标的沙锥模型

原则五：持续改进的能力取决于个人能力、团队能力和组织能力。这些因素共同作用，才能形成高绩效的组织文化。图 35 是新范式，强调需要在新常态下改变我们的思考方式（整体思维）、工作方式（系统思维）、行为方式（批判性思维）和表现方式（横向思维）。

表 8 总结了运营管理的全方位整合式思维通过同理心分析获得共识的横向思维的 6 个视角。实施运营管理的全方位整合式思维的连贯的战略，以实现最高销售收入和最低生产成本，获得最高利润率（见图 36）。

图 35　运营管理的全方位整合式思维在新常态下的新范式

表 8　横向思维的 6 个视角

6 个视角	通过运营管理的全方位整合式思维持续改进能力
白帽（证据驱动）	通过对资源的利用、优化和强化，实现单位生产成本最低
红帽（激情驱动）	培养一批有能力的管理者、熟练的领导者以及具有成功热情的敏捷的内部创业者/企业家/创新者
黑帽（谨慎驱动）	为志同道合的人和愿意接受教育的人提供帮助，将人力资源转化为人力资本；只对忠诚的员工提供额外的激励
黄帽（机会驱动）	利用全球外包，将管理费用和间接成本保持在最低水平，利用综合经济，提高销售价格
绿帽（创新驱动）	重新想象、重新塑造、重新思考、重新设计、重新规划，并重新激活世界级制造和世界级营销，实现零缺陷和零投诉，与关键利益相关者合作，实现双赢
蓝帽（愿景驱动）	实施运营管理的全方位整合式思维的连贯的战略；将关键资源组织到短期、中期和长期项目中，以实现投资最大化

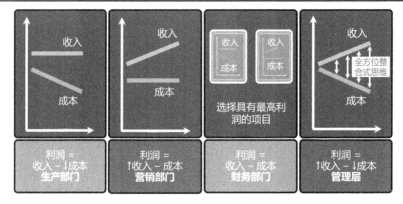

图 36　实施运营管理的全方位整合式思维的连贯的战略，

以实现最高销售收入和最低生产成本，获得最高利润率

对运营管理的全方位整合式思维的深入了解使我们相信，尽管现实世界不断变化，那些将危机转化为机遇的组织仍能在**五大原则、三大承诺和三大指南**的帮助下，将 4 个连贯的战略设法统一起来。第七章将详细阐述这一点，并展示如何将全方位整合式思维应用于 3 个世界级的组织，这些组织受益于©PBAAL，并获得了卓越的业务。图 37、图 38 和图 39 概括了关于运营管理的全方位整合式思维的讨论。

图 37 显示了整合连贯的战略以实现价值创新。预计管理费用将减少。业务增值是满足和提高客户期望所必需的。可以使用两种流程驱动战略，即创造或提高业务增值。这与成本有关，即通过使用精益管理消除 9 种浪费（见图 38）来遏制成本的增加，并通过减少不相关的业务增值来降低成本。

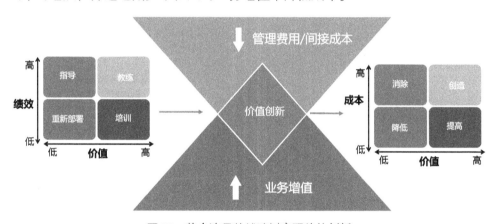

图 37　整合连贯的战略以实现价值创新

图 38　通过精益管理消除 9 种浪费

图 39 整合了运营管理的全方位整合式思维的所有关键元素，提供了一个供应链增值管理的视图。缺少其中任何一部分都将导致利用不充分、次优化和组织能力不足，而这些是获得可持续竞争优势的基础。要取得成功，必须满足 5 个标准。

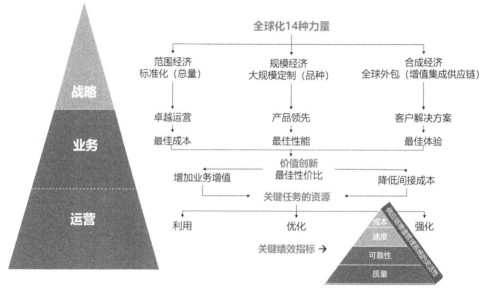

图 39　运营管理的全方位整合式思维的所有关键元素

- 将战略、人、流程和实体世界视为不可分割的整体，协同工作以获得最大成本优势的组织能力。

- 注重培养和提高个人全方位整合式思维能力以及团队多任务处理能力。这将带来©PBAAL，通过优化对人、流程和实体世界的管理促使组织能力成熟——比主要竞争对手更快、更好和更智能。

- 专注于组织的核心竞争力及使命（我们为什么存在），在关键资源上提供可扩展的独特产品/解决方案。管理奥林匹克运动员的高绩效的组织文化应该很难模仿。

- 创建经深思熟虑的连贯的战略，以实现价值创新，达到供应链管理灵活性、成本、速度、可靠性和质量等关键绩效指标，最终获得运营管理的全方位整合式思维的持久竞争优势。

- 全方位整合式思维是由其他思维技能（精益思维、设计思维、颠覆性思维和敏捷思维）组成的一把"伞"，这些技能需要统一起来，以增强整合、实施、创新和改进的能力，获得超越世界级的绩效。

图 40 显示了运营管理的全方位整合式思维的概念的一致性，以支持这样一个常识，即"如果概念是错误的，接下来的一切也将是错误的"。最重要的是它有效。

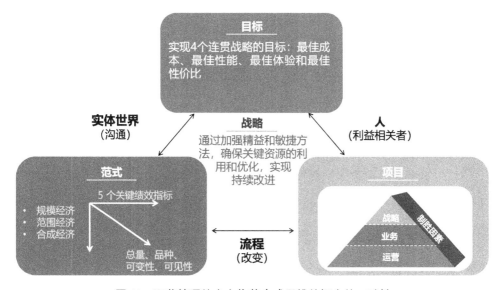

图 40　运营管理的全方位整合式思维的概念的一致性

©PBAAL 的全方位整合式思维

我们经常遇到的工作基本上分为 3 类。

1. 常规工作：此类工作最终将在适当的情况下被自动化和人工智能取代，这有助于增加业务附加值，并降低因劳动力短缺带来的风险。

2. 非常规性项目工作：此类工作具有较高业务附加值且难以被自动化和人工

智能取代，如创新战略的实施；需要人才、变革管理项目的数字化转型；开发、培养、培育人力资源，将其转化为人力资本。

3. 数字化工作：此类工作需要人机交互界面，以最佳方式利用数字技术，以极快的速度取代人类生产力，获得更高的项目团队能力和最高的组织执行能力。

本书聚焦于"干中学"的增量，以弥合理论和实践的差距。它利用诸如管理敏捷项目（最小业务增量）这样的迭代方式，将复杂和昂贵的产品/服务转化为简单且负担得起的产品/服务。它在商业世界中使用项目来部署行动学习，以加快整个学习过程，无论企业是大型、中型还是小型的。

©PBAAL 被定义为"干中学"。从一种旧的积极行为/态度转变为一种新的积极行为/态度。通过跨职能学习促进团队合作，可以加快这一流程。它以文化多样性为中心，并利用多学科方法。最终的结果是协同效应。

在©PBAAL 中，学习的速度要快于商业环境变化的速度，从而产生连续的最低业务增量或最小可行产品，以击败竞争对手。使用业务增值和最低风险方面的最高贡献，可以衡量©PBAAL 的好处。这是通过优化管理人、流程和实体世界来实现的。获得的隐性知识需要转化为显性知识。为了确保吸取的经验教训具有商业价值，要与关键利益相关者分享。

图 41 显示了增量学习如何带来积极行为的改变。

图 42 强调了行动学习的重要性——对知识保留的贡献率达到 75%。这是由于在项目驱动型经济中实践"干中学"[34]。

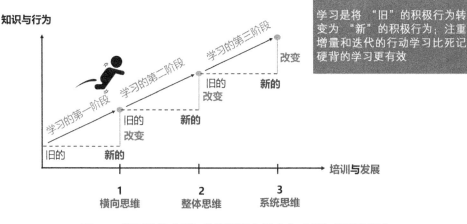

图 41 学习是将"旧"的积极行为转变为"新"的积极行为

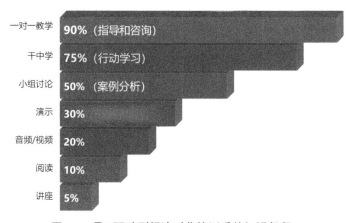

图 42 项目驱动型经济时代培训后的知识保留

图 43 是行动学习方程[33]，由结构化的知识（研究什么）、有洞察力的提问（为什么我们需要知道我们学习了什么）、执行（如何应用我们研究的项目）和反思（发生了什么，在项目执行中出了什么差错）组成。真正的学习是通过在"干中学"来实现的，能够弥合理论和实践之间的差距。基于吸取的经验教训，这将带来对人、流程和实体世界的更好的管理。

行动学习 =结构化的知识+有洞察力的提问+执行+反思

图 43 行动学习方程

图 44 显示了©PBAAL 的现代通用方程，使用了"七何分析法"。"七何分析法"的整体思维可以使用维恩图来整合概念/过程/经验教训，如图 45 所示。项目管理的全方位整合式思维可以理解为：

- 何事——清晰规划的战略/项目标范围是什么？
- 何因——为什么讨论如何通过项目来实施这一战略是重要的？
- 如何做——如何通过排列过优先级的项目来执行战略？
- 何人——谁负责制定成功的战略？
- 何时 ——什么时候项目必须完成，以实现有时间限制的战略？
- 何地——项目影响战略成功的风险/痛点在哪里？
- 何价——估计成本与实际收益是多少？

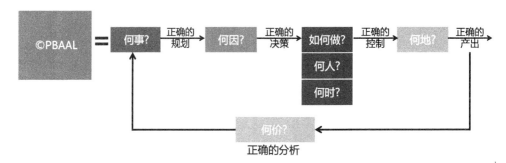

图 44 ©PBAAL 的现代通用方程，通过实施明确优先级的项目来执行战略

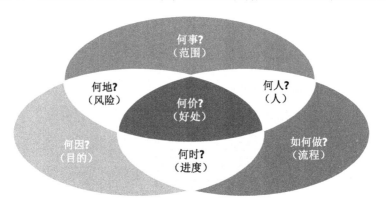

图 45 使用"七何分析法"描述©PBAAL 中的全方位整合式思维的维恩图

为了说明问题，表 9 以©PBAAL 为例总结了"七何分析法"的整体思维。很明显，整体思维只是全方位整合式思维（全脑思维方法）的一个方面。它是全方位整合式思维的基础。全方位整合式思维包括整体思维、系统思维、批判性思维和横向思维。在更复杂或更具挑战性的环境中，需要设计思维、颠覆性思维、敏捷思维和突破性思维来战胜危机。

表9　"七何分析法"在©PBAAL 中的应用

"七何分析法"的应用	©PBAAL
何事（范围）	4 种紧密相连的思维技能的统一：整体思维、系统思维、批判性思维和横向思维
何因（目的）	融合人的能力：整合、实施、创新和改进
如何做（流程）	6 个通用的变更管理过程：认知、对齐、行动、实施、巩固和预测
何人（人）	内部利益相关者（发起人、项目经理、项目团队）和外部利益相关者（客户、用户、承包商、监管机构、供应商）
何时（进度）	在看板上标出范围、进度、成本、质量、资源、风险、沟通、采购、利益相关者关键活动
何地（风险）	未知—未知、已知—未知、未知—已知和已知—已知
何价（好处）	短期（投资回报率）、中期（市场占有率）、长期（品牌领导力）→高绩效的组织文化
优化管理人、流程、实体世界	方框 1（管理当前项目）、方框 2（取消部分项目）、方框 3（创建未来项目以保持持续竞争优势）

图 46 描述了©PBAAL 的全方位整合式思维方程的本质，这是一种交织在一起的思维技能的融合，即整体思维、系统思维、批判性思维和横向思维。图 47 强调了通过©PBAAL 获得 21 世纪所需 T 型技能的重要性。

图 46　©PBAAL 的全方位整合式思维方程的本质

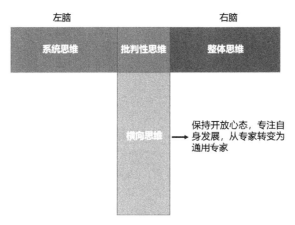

图 47　21 世纪所需 T 型技能

图 48 描述了 4 种思维技能的目标，它们密不可分，就像一把伞，完全打开时效果最好。

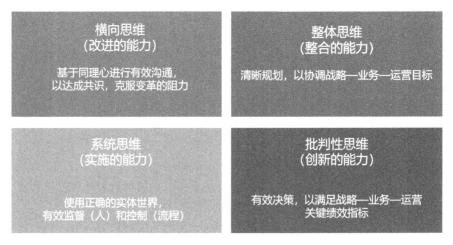

图 48　4 种思维技能的全方位整合式思维

表 10 总结了©PBAAL 中使用横向思维的一个例子。显然，可以从 6 个不同

的视角来分析同一问题或挑战（优化对人、流程和实体世界的管理）。同理心消除了在变革管理战略中阻碍平稳过渡的沟通障碍，有利于达成共识，是获得支持的可靠方法。

表 10　使用©PBAAL 进行更好管理的横向思维的 6 个视角

6 个视角	使用横向思维优化对人、流程和实体世界的管理
白帽（证据驱动）	通过更快（速度、可靠性）、更好（质量）和更智能（成本、灵活性）来增加销售收入、盈利能力和流动性
红帽（激情驱动）	通过将人力资源转化为人力资本，开发、培养和培育高绩效的组织文化，为管理奥林匹克运动员[6]提供服务
黑帽（谨慎驱动）	确定正确的能力构建模块至关重要，以提高关键利益相关者的技能集
黄帽（机会驱动）	人们在执行中遵守纪律，使用正确的流程提高执行能力，并获得执行速度（实体世界）
绿帽（创新驱动）	建立一个由有能力的管理者（个人能力）、熟练领导者（团队能力）、敏捷的内部创业者/企业家/创新者（组织能力）组成的渠道，以实现可持续发展
蓝帽（愿景驱动）	五大原则、三大承诺和三大指南，推动组织可衡量的价值观、使命和愿景，以实现卓越

转型变革管理的系统思维利用了一个闭环系统图，如图 49 所示。为了提高效率，有必要监督人的执行纪律，控制流程的执行能力，并通过实体世界更新关键绩效指标，以提高执行速度。转型变革管理流程中的 6As 指的是：

1. 产生认知（Awareness）。（需要变革什么？）

2. 确保对齐（Alignment）。（为什么需要变革？）

3. 采取行动（Action）。（为什么现在需要变革？）

4. 鼓励实施（Adoption）。（如果我们不变革会怎样？）

5. 巩固落实（Assurance）。（为什么变革会带来双赢？）

6. 预测风险（Anticipation）。（哪里可能引发危机？）

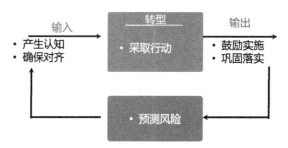

图 49　使用 6As 进行有效转型变革管理的系统思维

图 50 阐述了©PBAAL 的 6As 原则，以实现双赢。图 51 提供了有效转型变革管理的 6 个流程背后的基本原理。这涵盖了 6 种统一的思维技能。全方位整合式思维是精益思维和敏捷思维等其他思维技能的基础。这一点在图 51 中进行了诠释。

认知	对齐	行动
我们知道 （何事？）	我们理解 （何因？）	我们可以 （如何做？）

预测	巩固	实施
我们随机应变 （何地？何价？）	我们卓越 （何时？）	我们想要 （何人？）

图 50　©PBAAL 的 6As 原则

认知	对齐	行动
横向思维	**整体思维**	**系统思维**
从不同的角度创造解决问题的碎片	把碎片拼在一起	把正确的部分放在正确的地方

预测	巩固	实施
敏捷思维	**精益思维**	**批判性思维**
构建适应能力，应对不断的变化，并创造新的、相关的部分	专注于贡献最高业务价值和最低风险的少数部分	移除过时、多余的部分，用新的、改进的部分替换

图 51　有效转型变革管理的 6 个流程背后的基本原理

©PBAAL 的全方位整合式思维的洞察揭示，行动学习方程需要适应国内、区域、国际和全球的真实的商业环境。图 52 给出了应对数字化转型商业环境变化的动力。思考是一项终身技能。

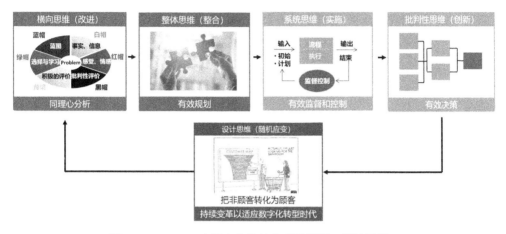

图 52　©PBAAL 中把全方位整合式思维融入设计思维，
在数字化转型的项目驱动型经济中应对不断的变化

图 53 揭示了 4 种类型的思维技能在达到成熟阶段时的显著能力。想象一下，如果一个组织能够培训和培养出超越世界级绩效的管理者，那么该组织的竞争力将是可持续的，也是不可战胜的。

思维技能是培训和发展的首要任务。这适用于人（全脑人力资本具有更好的管理能力、领导力和企业家精神）、流程（整合、实施、创新和改进的能力）和实体世界（在数字化转型时代获取技术和物联网的能力）。尽管它很重要，但并没有得到高级管理层的充分重视。人们也并不总是认为它值得投入时间和资金。

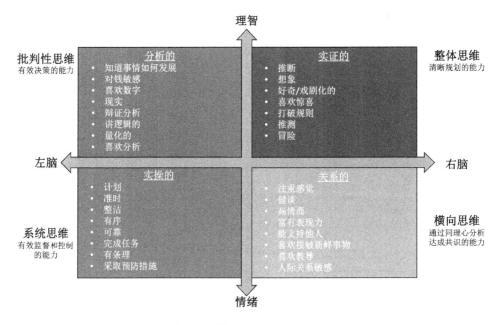

图 53　全脑模型［改编自赫尔曼（Hermann）、斯佩里（Sperry）

和麦克莱恩（MacLean）[39]］

图 54 阐述了横向思维、批判性思维、整体思维和系统思维对于初级、中级和高级管理人员的业务增值。CEO 负责 OSIM。从 OSIM 中学到的 11 个经验教训如下：

- 没有发起人=没有项目。

- 流程责任人=1。

- 良好的项目管理=良好的文档记录。

- 除非你知道要监控什么，否则不要执行。

- 除非你已经确定了问题的根源，否则不要采取任何纠正或预防措施。

- 利益相关者是能够影响项目成败的任何人。

- 清晰的规划是通过专注于主要目标来实现的。

- 如果有疑问，就去问（如果你从不问，你永远不知道）。

- 没有过度沟通，只有沟通不足。

- 反复检查。

- 如果使用不精确的信息做一项精确的工作，就要采用敏捷和精益的思维方式，在需要的时候，通过举办促进研讨会来重新规划，以应对当前全球商业环境的持续变化。

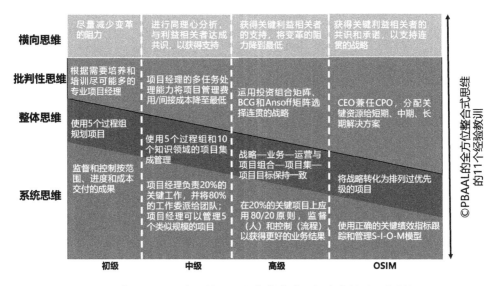

图 54　在©PBAAL 中，使用全方位整合式思维产生关键业务增值

　　图 55 阐述了©PBAAL 的批判性思维，使用了源于丰田的精益方法中的 "5个为什么" [40]。图 56 概述了批判性思维，使用©PBAAL 的决策树技术，应用于项目管理。批判性思维的主要目标是进行收敛分析，最终从可用的选项中做出更好的决策。

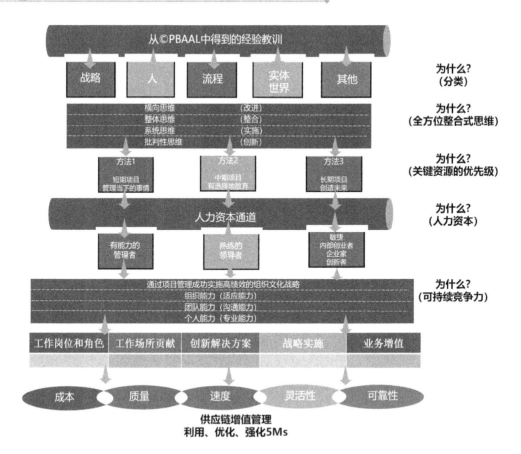

图 55 ©PBAAL 的批判性思维

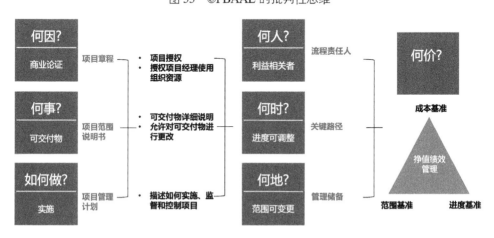

图 56 在©PBAAL 中项目管理的批判性思维决策树

总之，全方位整合式思维是©PBAAL的基础。当4种思维技能统一起来并作为一个整体应用时，效果最好，因为它们就像人体的5个关键器官（大脑、心脏、肝脏、肾脏和肺）。我们可能研究过一些东西，但这并不意味着我们知道如何应用它。学习就是从"旧的积极行为转变为新的积极的行为"。此外，将优先学习的三个方面——"必须知道、应该知道和需要知道"组织起来是至关重要的。

表 11 提供了将重要问题与基本问题区分开来的模板。这就是所谓的务实思维。我们将 20%的知识应用于现实世界；剩下的 80%形成一个知识库。美国培训实验室发现，行动学习能够使我们保留 75%的所学知识（见图 42）。这表明，如果不将学习应用到工作中，那么随着时间的推移，所获得的知识将会丢失。这在当前的管理教育体系中具有重要意义。我们号召重新思考、重新塑造、重新设计、重新想象、重新规划、重新激活对管理者、领导者和创新者的培养，以应对未来的技能需求。

表 11　从基本问题中吸取重要教训的务实思维

必须知道	应该知道	需要知道
什么是©PBAAL • 基于项目 （工作问题/项目） • 加速 （速度×战略） • 行动学习 （改变速度）	**为什么©PBAAL是重要的** 4种需要的思维技能： • 整合 • 实施 • 创新 • 改进 **如何实施©PBAAL** 应用全方位整合式思维的6As解决复杂问题	**谁能从©PBAAL中获益** 主要目标是提高以下方面的能力： • 人际关系 • 团队领导 • 执行 **©PBAAL有何风险** 培养正确的态度、做出正确的承诺和保有同理心，以应对数字化转型

图 57 明确了敏捷创业培训和发展中的 5 个能力发展基石。敏捷创业以©PBAAL 为中心，用于开发全脑人力资本。

图 58 是©PBAAL 全方位整合式思维的概念图。行动学习（Action Learning）

始于 20 世纪 60 年代，由瑞文斯（Revans）[11]发明 1.0 版本。此后又有了更多的版本，作者此处介绍的是 4.0 版本。它重新定义了基于项目的行动学习，其效果是丰富了管理、领导力和创新者精神，从而在教育和工业中获得竞争优势。

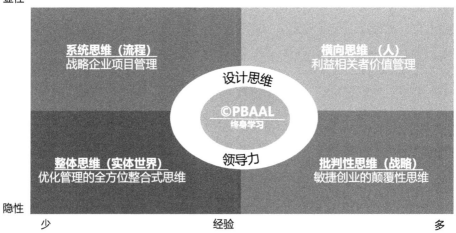

图 57　敏捷创业培训和发展中的 5 个能力发展基石

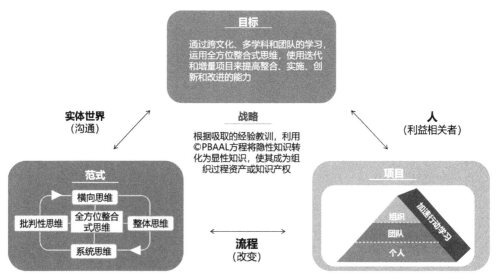

图 58　©PBAAL 全方位整合式思维的概念图

洞察：如何利用全方位整合式思维优化对人、流程和实体世界的管理

全方位整合式思维应用©PBAAL周期，从S-I-O-M模型中吸取经验教训，建立一个由有能力的管理者、熟练的领导者和敏捷的内部创业者/企业家/创新者组成的人力资本通道，带来的整体结果是优化对人、流程和实体世界的管理。这种整合式解决方案能够提高个人、团队和组织的能力，以实现卓越执行，从而永久地利用整合、实施、创新和改进的能力。在从工业4.0向工业5.0转型的今天，将数字化转型纳入其中至关重要，以提高执行速度，获取最终优势。人们必须在执行中遵守纪律，同时必须在正确的流程中发展和训练，以提高执行能力。

连贯的战略就像指南针/路线图，为人、流程和实体世界指明正确的方向，并朝着共赢的共同目标努力，即最佳成本、最佳性能、最佳体验或最佳性价比。对利益相关者价值管理而言，这是共赢的。每个人都能从中获益。

全方位整合式思维的概念是由作者提出的，符合哈默尔（Hamel）和已故的普拉哈拉德（Prahalad）[41]所倡导的世界级组织核心能力的定义。

1. 独特性：将整体思维、系统思维、批判性思维和横向思维统一起来，持续学习使用©PBAAL周期。学习的速度快于商业环境变化的速度。这些宝贵的经验教训不断积累，并根据S-I-O-M模型进行分类，从而产生业务增值的组织过程资产，增强了对整个供应链的风险应对管理。

2. 可扩展性：全方位整合式思维是精益思维、设计思维、颠覆性思维和敏捷思维的综合体。它适用于商业和管理咨询、教育（学士、硕士、博士、行动研究项目）、培训（为有效学习设计内部/企业项目，如战略实施、现代项目管理、精

益和敏捷领导等）、写作（书籍、商业杂志、文章、研究论文等）。

3. 难以模仿：全方位整合式思维试图弥合 3 个差距（见图 59）。

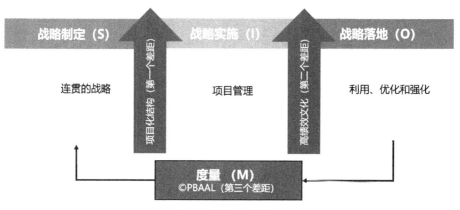

图 59　弥合 3 个差距

- 第一个差距：战略制定和战略实施之间的差距。这需要一个项目化结构来监督关键项目的关键资源配置，CEO 兼任 CPO，以克服障碍。这有助于确保在项目关键利益相关者的充分承诺下顺利执行连贯的战略。

- 第二个差距：战略实施到战略落地之间差距。组织必须了解其项目管理能力成熟度处于什么阶段，这样组织就不会接受超出其执行能力的项目。然而，组织未来应该继续发展、培训和培育其人力资源，并将人力资源转化为人力资本。一个拥有高绩效文化的组织有卓越的执行力。应该使用企业平衡计分卡来衡量组织文化及其共享的价值观，包括创新和成长、业务流程的优化、客户满意度和留存率上升，以及可持续的财务绩效。

- 第三个差距：使用©PBAAL 来弥合知识和实践之间的差距，本质上是在整个 S-I-O-M 周期中加速隐性知识向显性知识的转化，以一种明确、结构化和系统的方式优化对人、流程和实体世界的管理。为了保持竞争力，©PBAAL 的速度要快于商业环境变化的速度。

本书采用了实用的方法，总结如表 12 所示。它的核心是：

表 12　优化管理人、流程和实体世界的全方位整合式思维的总结

©PBAAL（吸取的经验教训）	战略制定	战略实施	战略落地
何事	将战略转化为与组织的价值观、使命和愿景相一致的排列过优先级的项目	项目治理，项目绩效指标，如按范围、进度、成本交付的里程碑成果	· 成本优势的利用率 · 优化 5Ms 的综合生产力 · 强化©PBAAL
何因	根据最高的业务价值和最低的分配关键资源的风险，对项目进行优先级排序	将项目可交付物与战略、业务和运营目标相结合，以满足利益相关者的期望（内部和外部）	· 最佳成本 · 最佳性能 · 最佳体验 · 最佳性价比
如何做	在排列过优先级的项目中应用 80/20 原则，CEO 兼任 CPO，花 80% 的时间管理 OSIM	5 个过程组、10 个知识领域、49 个流程，采用 80/20 原则对关键活动进行监控（项目经理 20%；团队 80%）	· 精益浪费管理 · 灵活、多样、适应性强的敏捷思维，以应对变化 · 使用六西格玛方法带来零缺陷、零投诉
何人	建立 OSIM，通过核心团队管理的关键项目来成功实施战略	关键利益相关者和项目团队在信任和授权的基础上获得执行纪律、执行能力和执行速度	· 态度（全方位整合式思维） · 承诺（更好的管理） · 同理心（利益相关者管理）
何时	从执行连贯的战略到运营——专注于具有最佳成本、最佳性能、最佳体验、最佳性价比的可交付物	发展、培训和培养团队达到项目管理能力从第一阶段到第五阶段的成熟度；最终实现高绩效的组织文化	开发一个人力资本通道： · 有能力的管理者 · 熟练的领导者 · 敏捷的内部创业者/企业家/创新者
何地	弥合连贯的战略与项目实施之间的差距，以保证项目化结构支持战略；确保战略、业务和运营目标一致	实施与运营之间的差距，预期风险来自认知、对齐、实施、行动和巩固。这是因为全球商业环境的变化影响了项目的可交付物和绩效	从运营到文化变革之间的差距： · 思考（全方位整合式思维） · 工作（现代项目管理） · 行为（敏捷和精益） · 表现（成本、质量、速度、灵活性、可靠性）
何价（将隐性知识转化为显性知识）	提高综合生产力，考虑盈利能力和合作伙伴的创新与成长、业务流程优化、客户留存率和满意度上升、可持续的财务绩效	· 卓越执行（团队） · 执行能力（组织） · 绩效文化（企业平衡计分卡，更好地管理人、流程和实体世界）	· 营收增长（每年增长%） · 利润（投资回报率、内部回报率、每股价值） · 流动性（分红、现金流） · 组织过程资产（知识产权——商标、专利、许可等）

- 四个连贯的战略（如何实现）。

- 五大原则（为何而做）。

- 三大承诺（如何合作）。

- 三大指南（如何增效）。

21 世纪 20 年代之后，全方位整合式思维要求所有组织采取新范式，改变思考、工作、行为和表现方式，以切合时宜、保持韧性，并重塑自己，在残酷的新常态中努力蓬勃发展。

以水库和水作为类比。全方位整合式思维将所有的水（来自 4 种思维技能的输出，即吸取的经验教训）收集在一个被称为水库的池中，水（全方位整合式思维是精益思维、设计思维、颠覆性思维和敏捷思维的基础）可以用来制作咖啡、茶等。然而，在某些情况下，顺序是固定的。例如，我们是把水倒进酸里还是把酸倒进水里——哪个顺序是正确的？

图 60 显示了全方位整合式思维生命周期的最终目标。它是建立常识的基础，以开发全脑人力资本，优化对人、流程和实体世界的管理。

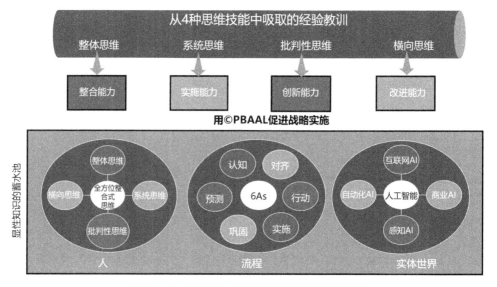

图 60　全方位整合式思维生命周期的最终目标

- 人（包括 8 种思维技能：整体思维、系统思维、批判性思维、横向思维、精益思维、设计思维、颠覆性思维、敏捷思维）。

- 流程（敏捷和精益，从而在整个供应链增值管理中获得最低的单位成本）。

- 实体世界（物联网的 4 种人工智能——互联网 AI、商业 AI、感知 AI 和自动化 AI）。

切合时宜地整合连贯的战略，引导人、流程和实体世界，专注于具有竞争力的关键绩效指标，对成本、速度、可靠性、质量和灵活性进行比较分析。

为了实现可持续的、普遍的改进，需要从个人、团队和组织的全方位整合式思维开始，以获得协同效应。

第二章 对 齐

为什么全方位整合式思维与更好地
管理人、流程和实体世界有关?

引　言

　　为了更好地管理人、流程和实体世界，全方位整合式思维有五大原则、三大承诺、三大指南和四个连贯的战略（见图 61）。

　　① 全方位整合式思维的五大原则
　　　（我们为什么要这么做）
　　• 变化是常态
　　• 通过排列过优先级的项目实施战略
　　• 执行能力取决于组织成熟度生命周期发展的不同阶段
　　• 全面的解决方案，而不是零碎的尝试
　　• 加强个人、团队和组织的协同作用

　　② 全方位整合式思维的三大承诺
　　　（我们如何合作）
　　• 人：执行中的纪律（更智能）＝灵活性和成本
　　• 流程：执行能力（更好）＝质量
　　• 实体世界：执行速度（更快）＝速度和可靠性

　　③ 全方位整合式思维的三大指南
　　　（是什么让我们高效）
　　• 利用：人（多任务处理）、流程（最低单位成本）、实体世界（适当的技术）
　　• 优化：5Ms的综合生产力
　　• 强化：在完整（整个）供应链管理中，业务增值最高，风险最低

　　④ 全方位整合式思维的四个连贯的战略
　　　（我们如何实现目标）
　　• 卓越执行→ 最佳成本
　　• 产品领先→ 最佳性能
　　• 客户解决方案→ 最佳体验
　　　　　　（整合连贯的战略）

　　• 价值创新→ 最佳性价比
　　　　　　（蓝海战略）

图 61　全方位整合式思维的原则、承诺、指南和连贯的战略

　　全方位整合式思维的定义如图 62 所示。它具有完备性和真实性，包含了全方位整合式思维的短期目标、中期目标和长期目标。

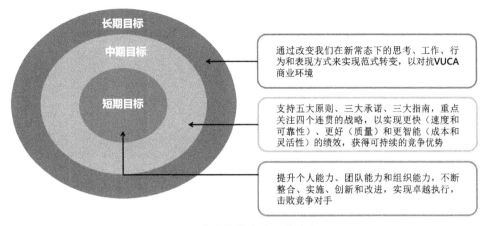

图 62 全方位整合式思维的定义

全方位整合式思维的长期目标是通过改变我们在新常态中的思考、工作、行为和表现方式来实现范式转变，以对抗 VUCA 商业环境；中期目标是支持五大原则、三大承诺、三大指南，重点关注四个连贯的战略，以实现更快（速度和可靠性）、更好（质量）和更智能（成本和灵活性）的绩效，获得可持续的竞争优势。短期目标是提高个人能力、团队能力和组织能力，不断整合、实施、创新和改进，以实现卓越执行，击败竞争对手。

为了实现连贯战略的卓越执行（如何实现这一目标），必须确保有正确的人（执行纪律）部署正确的流程（执行能力），并使用正确的实体世界（执行速度）。卓越的执行力是高绩效的组织文化必不可少的组成部分。

全方位整合式思维的"6 个为什么"

全方位整合式思维的"6 个为什么"使用 6As 过程来解释其意义背后的基本原理（见图 63 ）。

认知	对齐	行动
为什么全方位整合式思维能够解释下列工作的重要性？管理、领导力、企业家精神的统一有助于协作	为什么全方位整合式思维解释了MLE既是科学也是艺术？科学：实体世界（创新）；流程（实施）；艺术：人（影响）	为什么全方位整合式思维能够解释战略？转化为项目——由人、流程和实体世界组成（通过排列过优先级的项目实现卓越执行）
预测	**巩固**	**实施**
为什么全方位整合式思维解释了范式转变的必要性？思考（整体）、工作（项目）、行为（敏捷）、表现（精益），以实现高绩效的组织文化	为什么全方位整合式思维对提高能力是至关重要的？整合（整体思维）、实施（系统思维）、创新（批判性思维）、改进（横向思维）	为什么全方位整合式思维解释了关注下列各项的必要性？人（概念）、流程（能力）、实体世界（连接），以应对不断的变化

图 63　全方位整合式思维的 "6 个为什么"

图 64 描述了全方位整合式思维 "6 个为什么" 的工具。

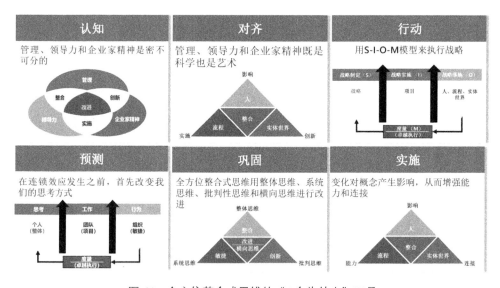

图 64　全方位整合式思维的 "6 个为什么" 工具

理解全方位整合式思维对于人、流程和实体世界的统一的意义。

- **认知**（理解全方位整合式思维的重要性）：为什么在没有全方位整合式思维的情况下工作可能会产生混乱（见图 65）？管理、领导力和企业家精神的本质要求必须作为一个整体共存和运作，而不是采用零碎的方法，它是一个统一的概念。管理者、领导者、企业家都是人。管理、领导和创业都需要一个显著的过程，需要培养有能力的管理者、有效的领导者和熟练的企业家，以建立融洽的关系，影响利益相关者（内部和外部），实现双赢，达成组织的短期、中期和长期目标。否则，组织就会运作不畅。

管理、领导力和企业家精神需要统一协同，以确保管理层正确地做事（效率）；领导力是做正确的事（成效）；生产力是正确地做正确的事（成效加效率）。企业家精神是企业成长、发展、全球化、投资和冒险的能力（能量）。所有这一切对于人（人力资本——执行纪律）、流程（管理、领导力和企业家精神——执行能力）和实体世界（物联网——执行速度）的持续改进是不可或缺的，以实现重大影响。已故现代管理学之父德鲁克主张，"管理、领导力和企业家精神就像一个人的眼睛、鼻子和嘴巴。如果这些要素不协同工作，没有一个共同的目标来满足客户的需求和期望，就无法实现资源的利用、优化和强化"。

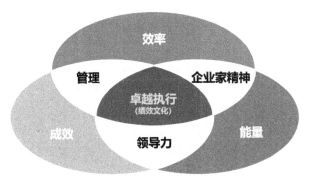

图65　认知：全方位整合式思维的第一个"为什么"

- **对齐**（理解全方位整合式思维的必要性）：为什么没有全方位整合式思维，就很难想象管理、领导力和企业家精神是密不可分的，并作为管理人、流程和实体世界的科学与艺术发挥作用（见图66）？管理科学就是使用正确的工具/技术来提高执行速度。用今天的术语来说，就是实体世界，它由4

种基本类型的人工智能（AI）组成，即互联网 AI、商业 AI、感知 AI 和自动化 AI。这些都是管理的硬技能，其绩效更容易量化。

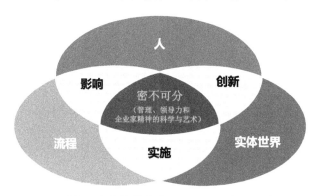

图 66　对齐：全方位整合式思维的第二个"为什么"

然而，管理还包括管理人员——通过影响关键利益相关者来进行有效的沟通（思想、心灵和灵魂）。这意味着培养融洽的人际关系的重要性，这需要更长的时间。这些都是管理的软技能，其关键绩效指标更难量化（目标）。务实的衡量标准是观察积极行为的变化，即无私、归属感、参与的热情、对团队合作的强烈需求，以及鼓励和参与多任务处理等。这就是组织和团队价值观统一的地方，即价值观驱动行为，行为驱动结果——没有思考方式（Way of Thinking，WoT），就不可能有工作方式（Way of Work，WoW）。我们需要转变思考方式。

德鲁克主张将管理、领导力和企业家精神的科学和艺术作为追求卓越执行的现代管理。这不是管理理论上谁对谁错的问题，而是实践问题。最重要的是，概念必须管用。同样，罗杰[42]倡导"新思考方式"，以揭示那些在数字化转型中不再有效或不再具有实用价值的管理理论和概念（见图 67 和图 68）。

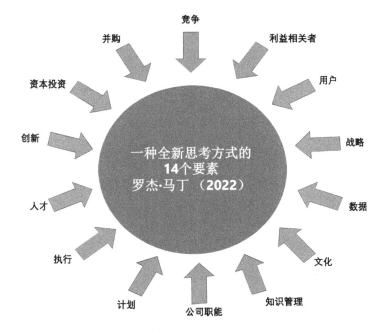

图 67　罗杰·马丁[42]以新思考方式考虑的 14 个要素

效率	成效	能量	输出
管理	领导力	企业家精神	不可阻挡的
	领导力	企业家精神	不可重复的
		企业家精神	不可控制的
管理	领导力		不可展开的
管理		企业家精神	不可持续的
	领导力		不可预测的
管理			不可获得的

图 68　在全方位整合式思维中，管理、领导力和企业家精神
是统一且相互交织的，对业务结果不可或缺

　　在管理的迭代中，我们通过有效的沟通影响人（领导艺术），建立联系。需要培养和训练员工，使其能够完美执行正确的流程（管理科学）。管理需要勇气（企业家精神）来承担一定程度的风险（企业家精神的艺术）和投资（管理科学）新技术，即实体世界（创新）要更快、更好、更智能，以便在竞争中胜出。全方位

整合式思维认为，将管理的科学和艺术结合起来是至关重要的。不仅需要管理（整合），也迫切需要领导力（实施）和企业家精神（创新）来持续改进，以保持竞争优势。在正确方向上导航的战略，就像指南针一样，始终指向正北[43]。战略实施是人、流程和实体世界的输出。

- **行动**（我们可以通过全方位整合式思维成功地实施连贯的战略）：为什么没有全方位整合式思维，实施连贯的战略是无效的？连贯的战略要求将战略、业务和运营目标结合起来，集中于一个共同的目标，即最佳成本、最佳性能、最佳体验或最佳性价比。下一步是将连贯的战略转化为成功实施的项目。项目由具有执行纪律的正确的人实施。他们经过训练，通过应用正确的流程来获得执行能力，并配备了正确的实体世界，以提高执行速度。项目化结构（见图69）对于卓越执行最有效，创建了一种共赢的高绩效伙伴关系文化。全方位整合式思维为战略实施创造了一种通用语言——我们的工作方式。

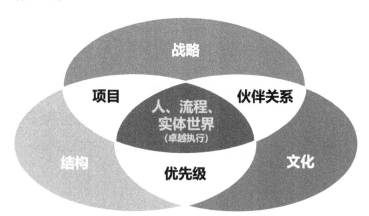

图69 行动：全方位整合式思维的第三个"为什么"

传统的项目关键绩效指标是范围、进度和成本。战略和业务目标是使用针对人、流程和实体世界的企业平衡计分卡来衡量的。

连贯战略的成功实施是由企业平衡计分卡监督和控制的。企业平衡计分卡将衡量人们的创新与成长。这意味着对企业内部业务流程的持续改进，使用实体世界来提高管理客户期望的能力，以实现客户留存率和满意度上升，以及可持续的财务绩效。这需要设计、开发和使用正确的关键绩效指标来激励和建立信任。这将带来员工参与，并培养组织卓越的执行文化。

S-I-O-M 模型（见图 70）是全方位整合式思维的一个系统思维工具，用于捕捉衡量连贯的战略成功实施的完整画面。它还将项目化结构和高绩效的伙伴关系文化比作两根柱子。如果这两根柱子不够坚固，"承载项目的桥梁"就会倒塌。70%的战略在实施过程中失败的主要原因是薄弱的结构和文化。

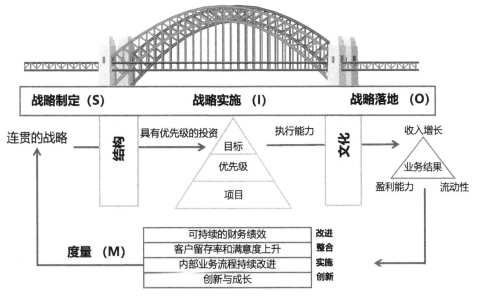

图 70 S-I-O-M 模型

要想持续改进，学习的速度必须快于商业环境变化的速度。可以肯定的是，©PBAAL 确保了在战略实施过程中吸取的经验教训不仅用于记录，而且实际上满足了整体思维的"七何分析法"（见表 13）。

表13 从"七何分析法"中吸取的经验教训

必须知道	应该知道	需要知道
1. 我们学到了什么（What）	1. 我们为什么需要学习（Why） 2. 如何应用我们所学的知识（How）	1. 谁是领导变革的积极的利益相关者（Who） 2. 变革什么时候结束（When） 3. 阻碍变革的风险在哪里（Where）
发展/变革的收益和成本是多少（How Much）		

- **实施**（用全方位整合式思维来应对不断的变化）：为什么没有全方位整合式思维，我们就很难在 VUCA 商业环境中保持竞争优势（见图 71）？人们必须接受终身学习的概念。人们必须自我激励，学习并重新学习，将知识转化为能力（知识×技能×态度）。

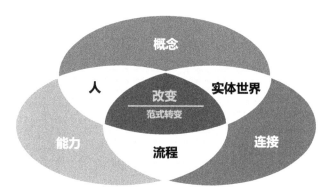

图 71 实施：全方位整合式思维的第四个"为什么"

此外，人们需要沟通以建立联系。在当今的数字化转型时代，我们不仅要运用实体世界中可用的适当技术进行连接，还要从电子学习平台上学习。行程不再是必需的，而是被使用互联网 AI（人工智能）的触摸按钮所取代。范式转变带来的不断变化是不可避免的。

如果下列三点得到利用、优化和强化，协同效应就会实现。

— **概念**：通过全方位整合式思维为客户创造价值的产品或服务的前沿理念、设计或构想。

— 能力：将想法转化为客户应用的能力，通过©PBAAL 以最高标准执行。

— 连接：企业之间的联盟，利用核心能力为客户创造更多价值，或者只是"打开大门"，拓宽视野。这是改变我们思考、工作、行为和表现方式的结果。范式转变带来的持续变化是不可避免的。

图 72 显示了范式转变的分类。

图 72 范式转变的分类

假设所有人都愿意学习。在掌握了正确的技能后，人们愿意换到新的工作岗位，在不同的环境中工作，扮演不同的角色。另一个假设是，人们愿意作为一个团队合作，以获得更好的结果。进一步的假设是，培训是 100%相关和务实的。我们没有提出和解决的最引人注目的问题是"为什么直到今天，70%的战略实施仍然会失败"（见图 73 ）。

战略是由人来执行的。人们通常怎么想就怎么做，尽管他们接受过以不同方式做事的培训。他们拒绝走出自己的"舒适区"。圣吉[44]宣称："人们不抗拒改变，他们抗拒被改变。"这就是在培训和再培训上花费了数百万美元，但改进仍然不足或微不足道的关键原因之一。当一个人从"旧"的积极行为转变为"新"的积极行为时，学习是有效的（见图 74 ）。

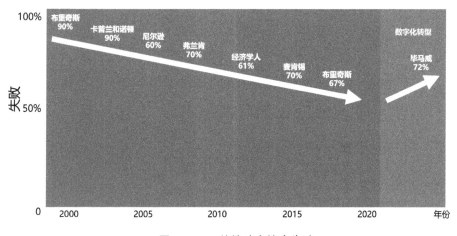

图 73　70%的战略实施会失败

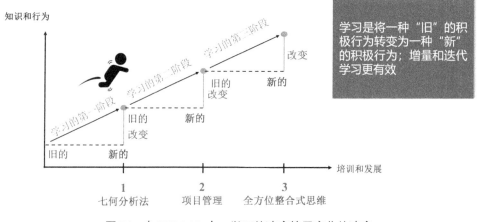

图 74　在©PBAAL 中，学习的速度快于变化的速度

为了实现持续和持久的绩效，我们首先要重塑我们的思考方式，以应对新常态下不断而迅速的变化。2023 年之后，我们需要加快执行速度，利用数字化转型进行竞争。当下，我们已经从注重运营效率的工业 4.0 时代进入项目驱动型经济的工业 5.0 时代[45]。项目驱动型经济的全方位整合式思维需要 4 种主要的思维技能。

—— 整体思维，通过将战略转化为项目集和项目的组合来弥合战略制定和战略实施之间的差距。

—— 系统思维有效监督（人）和控制（流程）——人、流程和实体世界。

—— 批判性思维在备选方案之间进行有效决策，以评估和确定最合适/最正确的解决方案。

—— 横向思维，通过同理心分析，与利益相关者达成共识，以克服变革阻力。

这 4 种思维技能构成了全方位整合式思维"伞"。它们是不可分割的，并且贯穿于整个项目生命周期。

图 75 给出了 6 种思维技能，以增强我们整合、实施、创新和改进的能力。到目前为止，还没有任何培训课程涉及或旨在整合这 6 种思维技能。当与©PBAAL 结合时，这将增强我们应对变化速度的能力。作者在咨询实践中应用了全方位整合式思维概念，从而需要重新思考、重新塑造、重新设计、重新想象、重新规划、重新激活©PBAAL，其速度比商业环境变化的速度更快。

认知	对齐	行动
横向思维	**整体思维**	**系统思维**
从不同的角度创造解决问题的碎片	把碎片拼在一起	把正确的部分放在正确的地方
预测	**巩固**	**实施**
敏捷思维	**精益思维**	**批判性思维**
构建适应能力，应对不断的变化，并创造新的、相关的部分	专注于贡献最高业务价值和最低风险的少数部分	移除过时、多余的部分，用新的、改进的部分替换

图 75　6 种思维技能

- **巩固**（通过改变我们的思考方式，使用全方位整合式思维来提高我们的整合、实施、创新和改进的能力）。为什么没有全方位整合式思维，就很难增强我们持续改进的能力？这是一个难题。要想脱颖而出，光靠个人能力无法实现协同效应。团队成员需要接受培训，并发展成全脑人力资本，在不增加人力的情况下，提高成功完成更多项目的能力。这带来了综合生产力的提高。当一个组织的高绩效合作伙伴文化持续促进实现所需的业务结果，统一和增强其整合（管理）、实施（领导力）、创新（企业家精神）和改进（人力资本，在全方位整合式思维中发展和培训）的能力时，该组织的执行能力将达到成熟。关于全方位整合式思维起作用的第五个原因如图76所示。

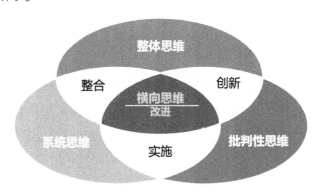

图76　巩固：全方位整合式思维的第五个"为什么"

在现实中，4种思维技能是密不可分的。它们的比例在不同的情况下是不同的（见图77）。这个例子是初级、中级和高级管理人员将一个想法概念化的比较分析，从而产生战略管理、利益相关者管理和技术管理。

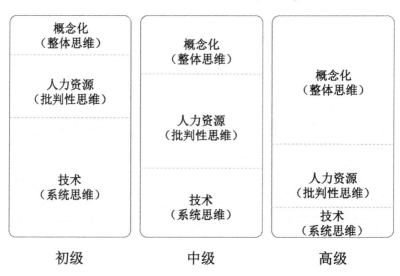

图77　4种思维技能在不同的情况下比例不同

— 概念化对初级管理人员来说，只占较小的比例；对中级管理人员来说，比例较高；对高级管理人员来说，需要在战略层面进行部署。创造或产生将转化为连贯的战略的想法需要清晰的规划——整体思维的整合能力。

— 人力资源/利益相关者管理需要使用批判性思维进行有效决策。管理的三个梯队之间存在一定程度的差异。批判性思维对中层管理人员的要求最高，因为他们要同时应对高级管理人员和初级管理人员。他们需要解释高层制定的战略目标，并将其转化为运营层面的优先级项目。他们为高级管理人员批准的创新项目提供投入。如果批判性思维是一致的，战略实施失败的可能性将大大降低。初级管理人员在运营层面做出大部分关键决策。高级管理人员确保关键决策将基于 3 个标准：战略上可接受、财务上合理、战术上可行。图 77 中的比例是指导性的，而不是结论性的。

— 需要实施技术或技术管理，以加快执行速度。现代信息通信可以将世界上任何地方的人连接在一起。系统思维对于有效监督（人）和控制（流程）以确保绩效是很重要的。

● **预测**（用全方位整合式思维构建持久的能力，以应对新的范式转变，保持与时俱进）。为什么没有全方位整合式思维，改变我们思考、工作、行为和表现的方式将是一个挑战？应用全方位整合式思维是将我们从传统的左脑或右脑思考者转变为全脑思考者的最重要的一步，也是第一步。左脑思考者运用的是系统思维；右脑思考者运用的是整体思维。全脑思考者运用系统思维、整体思维和批判性思维。从图 78 可以看出，改变始于通过全方位整合式思维将个人培养成一个全脑思考者。通过提高项目中每个团队成员的能力，整个团队的能力将得到提升。在团队规模相同的情况下，可以实施两个或多个复杂的项目，因为协同效应——从统一能力到整合、实施、创新和改进。为了保持一致性，项目团队需要培养敏捷思维，通过精益管理实现最佳成本。组织的最终竞争优势可以通过追求卓越的执行文化来获得，以达到最高的绩效，击败竞争对手。你可以复制战略，但你不能复制执行。要在敏捷性方面表现出色，就必须实施项目化结构，以实现全方位整合式思维的战略意图。这将带来更好的人（人力资本）、流程（增强整合、实施、创新和改进的能力）和实体世界（数字化转型时代的执行速度——物联网技术管理）的管理（与领导力和企业家精神统一）。

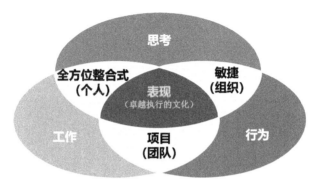

图 78　预测：全方位整合式思维的第六个"为什么"

洞察：为什么全方位整合式思维与更好地管理人、流程和实体世界有关

第二章探讨了全方位整合式思维的"6 个为什么"。每个"为什么"的洞察如下所示。

1. 第一个"为什么"讨论全方位整合式思维的重要性，以获得每个人的理解。

2. 第二个"为什么"能让每个人从"我"（作为个体）变成"我们"（作为团队），理解全方位整合式思维统一概念的重要性，全方位整合式思维是管理、领导力和企业家精神的统一，通过对关键任务资源（资金、人力、机器、原材料、方法）的利用、优化和强化来实现协同效应。

3. 第三个"为什么"是为了鼓励项目团队，让他们参与战略的成功实施。全方位整合式思维确保使用企业平衡计分卡来衡量战略绩效，包括人（创新和成长）、流程（持续改进内部流程）、实体世界（通过物联网和 AI 技术进行数字化转型，以跟踪和管理客户留存率/满意度，实现可持续的财务绩效）。

4. 第四个"为什么"是赋能项目团队，发展和培养敏捷思维，以适应和应对商业环境的不断变化。

5. 第五个"为什么"是增强每个高绩效团队的信心，在构建能力方面成为榜样，以实现每个组织的最终目标——卓越执行的高绩效伙伴关系文化。全方位整合式思维通过使用通用的语言来改变我们思考、工作、行为和表现的方式，增强每个人整合、实施、创新和改进的能力。

6. 第六个"为什么"建立在规划清晰的整体思维、有效监控的系统思维、有效决策的批判性思维和达成共识的横向思维的基础上。在现实中，这 4 种思维技能必须作为一个整体发挥作用。如果有任何一种思维技能不足，就好像一个人的大脑正在经历一次轻微的中风。同样的类比也适用于管理、领导力和企业家精神——它们作为一个统一的整体才能产生协同效应。

为了保持竞争优势的可持续性，组织必须着手进行范式转换。这首先要求我们改变思考方式。如果这一步缺失了，就好像我们还未学会走路就想快跑。这是合乎逻辑的、理性的、可实现的吗？

全方位整合式思维的实践如图 79 所示。

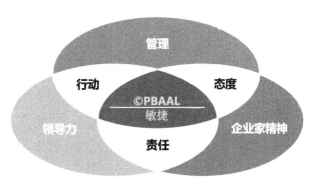

图 79 全方位整合式思维的实践

第三章 行　　动

如何运用全方位整合式思维改变我们
思考、工作、行为和表现的方式?

引　言

图 80 展示了第二章中讨论的全方位整合式思维的"6 个为什么"的本质。全球商业环境不断变化，因此需要范式转变以应对新常态。这对可持续发展（环境、社会和治理）至关重要。范式转变触发了 5 种相互依存、密不可分的思维技能，必须将它们统一起来才能实现思维的突破——奥林匹克思维。图 81 展示了精益思维、设计思维、颠覆性思维、敏捷思维和全方位整合式思维。思考是一个动态的过程，在这一过程中，持续学习的速度要快于变化的速度。当学习到达平台期时，我们需要先忘掉已学习过的知识，然后才能重新学习。正如凯恩斯的至理名言所说："最大的困难不在于说服人们接受新思想，而在于说服他们抛弃旧思想。"因此，在 21 世纪的下一阶段，在思考由人、流程和实体世界组成的更好的管理、领导力和企业家精神时，必须构建更好、更创新的解决方案的动态生命周期——用奥林匹克思维作类比，在每次奥运会比赛中，冠军都努力争取打破之前的奥运会纪录。

图 80　全方位整合式思维的"6 个为什么"的本质

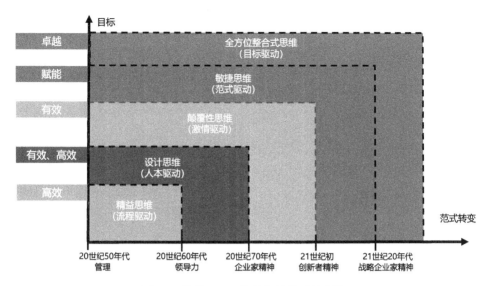

图 81　需要不同思维技能的范式转变[6]

效率创新的精益思维

精益思维通过流程驱动来实现效率创新。这是更好地管理流程以缩短产品/服务交付周期的结果。因此，可以通过启动一个效率项目，使用价值流的方法来调节物料的流动，从而缩短交付周期。这将减少在制品/库存成本，减少生产所需的空间，最大限度地发挥人员生产力，提高流程效率，缩短交货周期/排队时间。时间收益/节省可以转化为更高的销售收入/更强的盈利能力。

精益的概念包含对 9 种类型的浪费的管理，以提高原材料、机器和方法的生产力。它通过消除因不必要的浪费造成的资金和人力损失来做到这一点。浪费会导致时间管理无效，并带来资金损失。9 种类型的浪费如图 82 的鱼骨图（也称因果图）所示（精益企业研究所，2022）。

必须从正确的精益战略开始，让组织中的每个人都认真对待成本，从而实现成本节约，包括降低在制品/库存成本。因此，人们必须遵守纪律，将精益思维作为一种新的思考方式，形成精益文化，"边做边学，创造更多价值，减少浪费"[46,47]。可以肯定的是，精益思维是一种永久的个人承诺，即执行纪律，以不同的方式思考，更有效地克服挑战，满足客户需求，缩短交付周期。实施看板即时物料拉动系统，与价值流分析相统一，将带来更顺畅的生产流程和更短的排队时间，从而实现持续改进[48]。

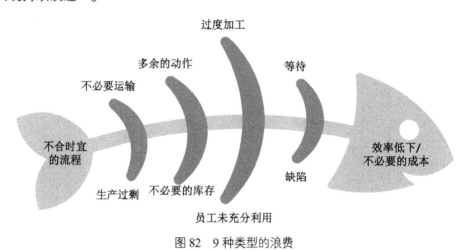

图 82　9 种类型的浪费

图 83 描述了精益思维的原则、指南和承诺。随着时间的推移，这些原则、指南和承诺会成为一种工作方式或实践标准，以实现一致性，从精益思维中获得好处。

图 83　精益思维的原则、指南和承诺

有 3 个常见的模板可用于 5 种思维技能，即精益思维、设计思维、颠覆性思维、敏捷思维和全方位整合式思维。图 84 的概念图分析了每种类型的思维技能。6As 抓住了不同类型思维技能的本质，有助于理解变革的必要性，从而最大限度地减少组织内的变革阻力。九宫格解决方案确保了 9 个元素之间的协调统一。这样可以最大限度地弥合沟通上的差距，熟练沟通可以消除变革的障碍。

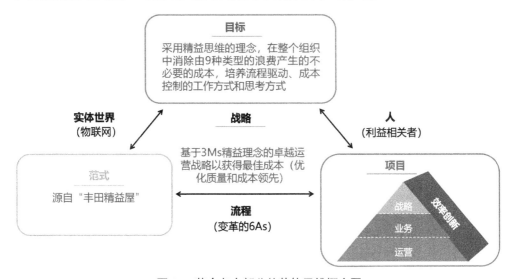

图 84　整合各个部分的整体思维概念图

图 85 描述了 3Ms（Muda、Mura 和 Muri）的精益理念，旨在培养精益文化，使其成为消除浪费的永恒准则，从而节省成本。精益思维包含 3 个成功因素：系统思维、持续改进、通过©PBAAL 创建伟大的组织。这意味着在浪费管理上追求卓越。图 86 展示了精益思维的 3 个关键成功因素。

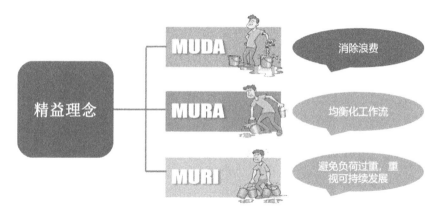

图 85　3Ms 的精益理念

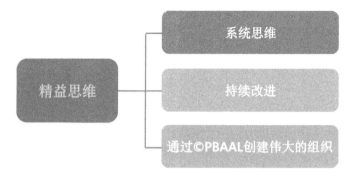

图 86　精益思维的 3 个关键成功因素

精益思维的框架源自"丰田精益屋"（见图 87）。

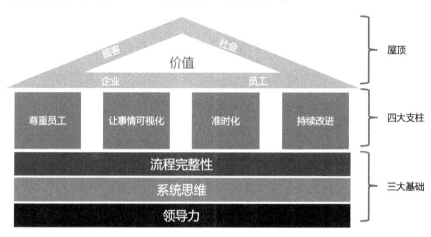

图 87　丰田精益屋

精益的屋顶、四大支柱和三大基础如图 88～图 95 所示。

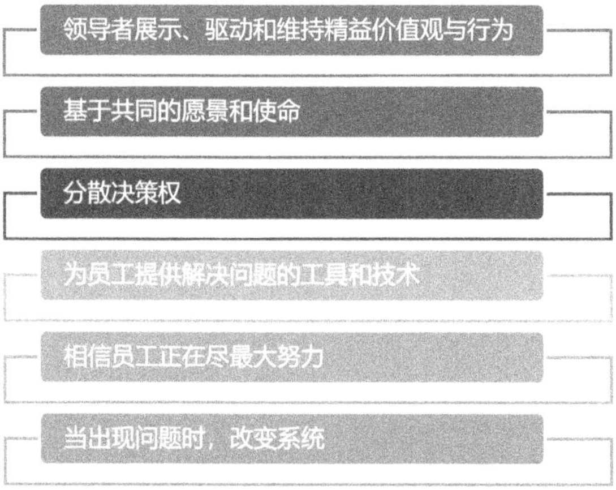

领导者展示、驱动和维持精益价值观与行为

基于共同的愿景和使命

分散决策权

为员工提供解决问题的工具和技术

相信员工正在尽最大努力

当出现问题时，改变系统

图 88　精益的第一个基础——领导力的 6 个维度

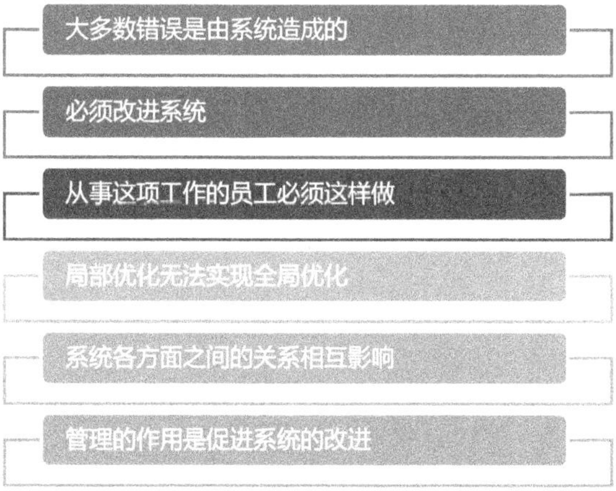

大多数错误是由系统造成的

必须改进系统

从事这项工作的员工必须这样做

局部优化无法实现全局优化

系统各方面之间的关系相互影响

管理的作用是促进系统的改进

图 89　精益的第二个基础——系统思维的 6 个维度

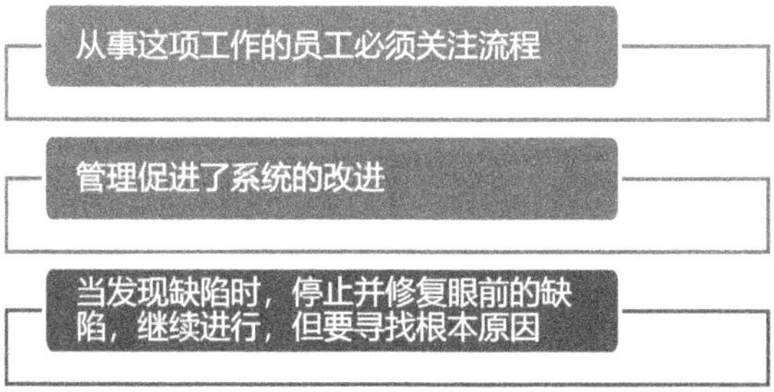

从事这项工作的员工必须关注流程

管理促进了系统的改进

当发现缺陷时，停止并修复眼前的缺陷，继续进行，但要寻找根本原因

图 90　精益的第三个基础——流程完整性的 3 个维度

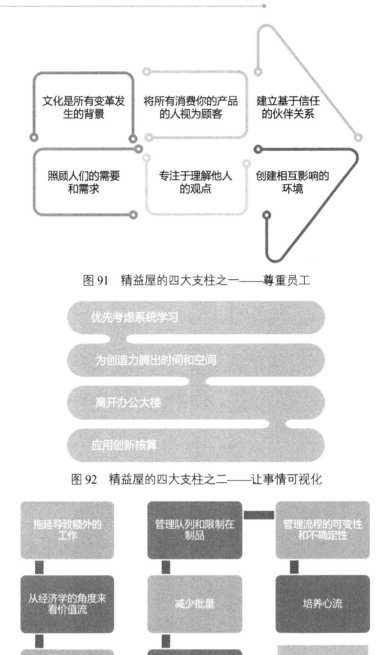

图 91　精益屋的四大支柱之一——尊重员工

图 92　精益屋的四大支柱之二——让事情可视化

图 93　精益屋的四大支柱之三——准时化

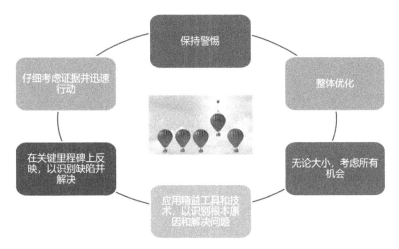

图 94　精益屋的四大支柱之四——持续改进

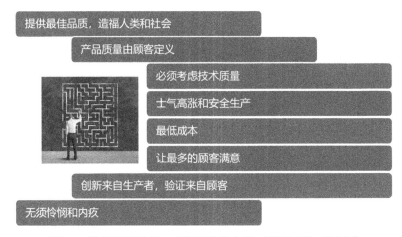

图 95　精益屋的屋顶——价值流向企业、顾客、员工和社会

图 96 体现了效率创新的精益思维的本质。为了取得成功，精益思维必须渗透到整个组织。为了追求卓越，精益思维必须成为"我们的工作方式"，必须在组织中创建精益文化——每个人都有责任消除浪费、降低成本、创造价值或提高标准。

- 没有"完成"定义的工作只会造成浪费。

- 需要通过协作来引出需求。

- 我们所处的商业环境会影响我们的行为（消除浪费文化）。

- 关注价值流会影响我们的质量和成本（优化）。

- 重要的是优先考虑以价值为导向而不是以工程为导向（价值驱动）。

- 教练和某人决定构建什么是有用的（授权）。

- 高负荷的工作会影响效果和效率（综合生产力）。

- 退后一步，花时间复盘是有用的（边做边学）。

关注系统而不是人

（虽然组织是独一无二的，需要自己的解决方案，但有一些基本原则是所有组织都可以使用的）

| 为系统提供正确的工作（MBI & MVP[1]） | 使所有工作可视化 |

| 始终寻找改进的方法 | 通过拉动系统来协调从本地到全球流动的决策过程 |

图 96　精益思维的本质

©PBAAL 的 6As 提供了必须知道（什么是精益思维）、应该知道（为什么和如何实施精益框架）和需要知道（谁应该实践精益思维，以及精益思维在何时何地有效和无效）的必要性。图 97 展示了实现精益思维的 6As。

图 98 显示了九宫格解决方案，以捕捉精益思维的精髓及其在浪费管理方面的思维模式和承诺，树立持久的成本意识。

---

[1] 最小业务增量（Minimum Business Increment，MBI）；最小可行产品（Minimum Viable Product，MVP）。

认知	对齐	行动
精益思维通过不断消除嵌在6Ms中的9种浪费，以获得最佳成本	源自丰田精益屋的精益框架被用作精益思维的指南、承诺和原则，从而提升5Ms的综合生产力	精益思维包括流程驱动技术——价值流图、3Ms、PDCA循环、Kaizen和看板，优化企业在整个供应链中的库存资金管理，不断降低成本
预测	巩固	实施
精益思维需要执行纪律（每个人）、执行能力（每个人接受培训）和执行速度（每个人应用适当的技术，以达到其最终优势），以实现最高的商业价值和最低的风险，获得可持续的竞争力	精益思维采用"节约是一种双赢的原则"的思维模式，来缓解个人、团队和组织对接受更好实践的抵触情绪，从而提升员工敬业度，为组织带来繁荣，提升盈利能力	精益思维成为我们工作的方式，即组织绩效文化，从整个端到端供应链的定性（行为）和定量（商业价值/结果）中获得最大利益

图 97　精益思维的 6As

目标 通过培养精益思维来消除9种浪费中不必要的成本，将其作为组织文化——我们的工作方式	人 组织的每个内部利益相关者必须利用执行纪律、执行能力和执行速度来完成对浪费的管理，以树立持久的成本意识	流程 认知　对齐　行动　实施　巩固　预测
范围 应用精益思维： • Muda——消除浪费 • Mura——均衡化工作流 • Muri——避免负荷过重，重视可持续发展	支持 使用系统思维和©PBAAL进行持续改进，以获得更好的工作流（价值流）、库存（看板）、交付周期（时间缩短）、成本节约	进度 与组织能力成熟度发展的5个阶段同步
战略 通过优化质量和成本领先实现卓越运营，达到最佳成本	结构 为团队赋能，启动消除浪费项目，进行效率创新，提升6Ms的综合生产力	系统 流程驱动管理系统，以降低成本和消除浪费，从而节约成本，每周召开关于成本、质量、速度、可靠性和灵活性的浪费管理会议

图 98　用九宫格解决方案捕捉精益思维的精髓

莱斯（Ries）[49]在精益创业方面提出了类似的观点和见解。

- 企业家无处不在，但有多少人是全脑思考者？有多少人构建了完整的解决方案，而不是零碎的解决方案？

- 创业就是管理，但领导者需要实践成功的管理艺术和科学，以实现高绩效的组织文化。

- 有效的学习：从"旧的"行为转变为改进的/积极的行为，获得更高的商业增值和更低的风险。

- 构建—衡量—学习：任何无法衡量的东西都不能被管理/改进，因此，如果没有明确要监督和控制什么，就不要执行。

- 创新核算：每个企业都有 5 个共同的关键绩效指标来衡量竞争优势——成本、质量、速度、可靠性和灵活性。但对于精益思维来说，关键因素是成本领先与价值优势相结合，同时与"蓝海转移/战略"的概念同步[50,51]。

精益思维与"消除和减少"的方法相似，有助于节省成本。它创造并提高了商业价值，同时降低了生产成本及由于物流和供应链中的在制品占用资金所带来的管理费用。

持续创新的设计思维

精益思维必须渗透到整个组织中，训练每个员工直至其完全精通为止。这对于提高综合生产力、提升组织的效率和效益、实现效率创新是至关重要的。结果是人们的行为和工作方式将保持一致，因为人们有了成本意识，并将节约成本作为一种规范。通过消除浪费，加快工作流程，以最大限度地减少排队时间，降低库存成本或减少库存资金占用，最终实现持续改进。这可以通过使用看板准时化物料拉动系统来实现，为健全的流程管理奠定基础。必须强调的是，没有人（领导力）的执行纪律，精益思维仅仅是一个好的管理理念/战略意图/概念。最高的执行能力——实践，依赖于卓越的设计思维，以更好地管理人、流程和实体世界。

设计思维以人为本，在成本、质量、速度、可靠性和灵活性方面能够实现更快、更好和更智能的绩效——保持创新的思维模式。图 99 捕捉到了 4 个差距（战略、执行、增长和学习）的本质，它们是实现组织绩效的障碍。

- 差距 1：战略差距——来自人员和组织方面。这一差距需要弥合，以实现执行纪律。

- 差距2：执行差距——来自知识、技能和态度方面。这一差距需要被弥合，以实现执行能力。

- 差距3：增长差距——来自技术和物联网方面，技术和物联网使关键利益相关者保持联系，并为外包服务建立全球网络。这一差距需要弥合，以实现执行速度。

- 差距4：学习差距——来自组织资产不足。边做边学，将隐性知识转化为显性知识，从而获得更高的商业价值，以满足利益相关者的期望（包括内部和外部）。相反，增加不满意的客户的数量，削弱投资者的信心，会让组织花费更多的时间和资金来赢回客户和投资者。具有商业价值的知识就是力量。

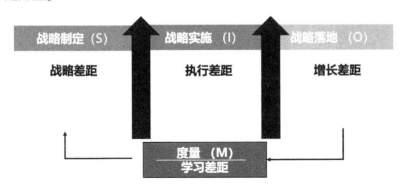

图99　阻碍实现组织绩效的4个差距

由于消极利益相关者的权威/利益受到威胁，每个差距都会被放大并构成障碍。整体思维不足以解决所有的沟通障碍。必须应用系统思维来确保所有关键利益相关者保持一致，并确保按计划继续实现绩效。为了缩小差距，必须运用批判性思维来保持创新，保持与技术同步，保持与时俱进，获得可持续的竞争优势，以击败竞争对手。最终，必须将3种类型的思维技能与横向思维统一起来，通过将隐性知识转化为显性知识来弥合知行差距（学习的速度快于变化的速度），以保护知识产权。设计思维在保持以客户为中心方面发挥着关键作用。

持续创新的设计思维通过发展和培养从个人到团队的能力来改进当前的商业模式。这最终应该能够构建解决增长差距的组织能力。这是一种以人为本的发展战略，旨在培养一批有能力的管理者、熟练的领导者和敏捷的企业家，以进行人才和继任管理。设计思维的产品方面涉及共情、定义、构思、原型和测试。

管理、领导力和企业家精神方面的设计思维涉及 6As 流程。这影响个人和团队弥合 4 个差距，朝共同的目标——实现高绩效的组织文化前进，以实现卓越执行。需要实施数字化转型战略，升级实体世界（当前技术）以加快持续创新的速度，取得卓越成就。

因此，可以通过将数字或连贯的战略转化为项目集和项目的组合，由 OSIM 进行跟踪和管理，以此弥合战略差距。执行差距可以通过创建和发展高绩效的组织文化（统一精益、设计、颠覆性和敏捷的全方位整合式思维）来弥合。这需要时间，因为只有经过 5 个阶段的能力转换才能达到成熟。增长差距可以由从人力资源向人力资本和人力能力转型的合适人员来弥合[52,53,54]。新常态受到 21 世纪 VUCA 商业环境的冲击，存在未知的风险，唯一不变的是变化[48]。最终目标是成为人力冠军/企业奥林匹克运动员[55]。

弥合学习差距的过程锻炼了我们的学习能力，使我们的学习速度快于商业环境变化的速度。我们应该定期衡量和检查这一差距。但通常这种情况直到危机发生后才会发生。学习就是从"旧的积极行为向新的积极行为"转变。它必须使用©PBAAL工具进行扩散，以实现最大的业务增值和最低的风险。图100是持续创新的设计思维概念图。

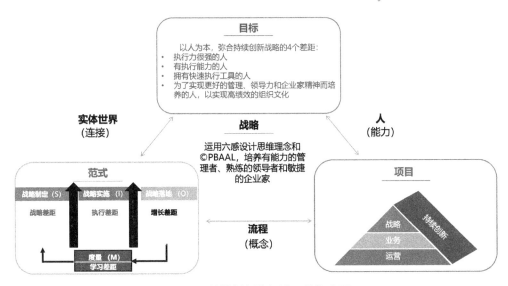

图 100 持续创新的设计思维概念图

图 101 揭示了持续创新的设计思维的 6As。设计思维被应用于增强人们的纪律性，使其接受将持续变化作为未知风险的新常态。从流程驱动的精益思维开始，专注于成本节约，然后与人本驱动的设计思维相统一。要确保这是每个人的事。要达到成熟或同质化，就要经过 6As——从认知、对齐、行动到实施、巩固和预测。

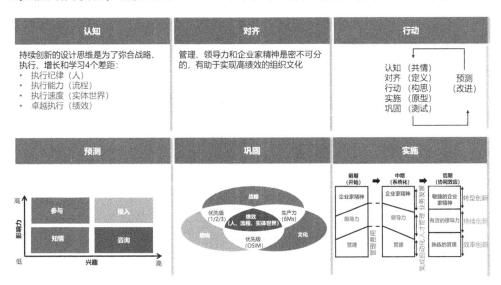

图 101 持续创新的设计思维的 6As

图 101 已对认知、对齐和行动 3 个步骤进行了描述。接下来将详细阐述另外 3 个步骤。

- 实施：初创组织（系统化之前）需要创始人的大力推动（企业家精神）。随着组织规模的扩大，领导层需要与创始人的企业家精神相统一，以弥合增长差距。在达到系统化阶段之前，组织需要专业的管理人员来管理日常运营。如果任其发展，结果将是人员过剩——导致额外的管理费用。

因此，在系统化阶段，数字化转型重要的是将管理费用降低到可接受的水平，通过集成用自动化代替手动工作。如图 102 所示，高绩效的组织文化将实现熟练的管理、有效的领导力和敏捷的企业家精神的统一。

- 巩固：可以肯定的是，战略被转化为排列过优先级的项目，分为效率创新项目（最长 3 年）、持续创新项目（最长 6 年）和转型创新项目（10 年或更长）。项目化结构被部署在 OSIM 的保护伞下，以成功地实施战略。高绩效的组织文化是用 6Ms 的综合生产力来衡量的。绩效是人、流程和实体世界的统一，优化成本、质量、速度、可靠性和灵活性，从而获得竞争优势。

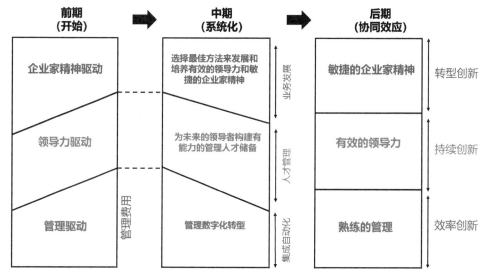

图 102　高绩效的组织文化

- 预测：风险包含在所有以上 5 个步骤中——认知（共情）、对齐（定义）、行动（构思）、实施（原型）和巩固（测试）。为了持续改进设计思维，必须通过确保关键利益相关者获得最大的业务增值和最低的风险，来拥抱对不断变化的产品需求的预期（以客户为中心）。行动学习对弥合期望差距是至关重要的。利益相关者管理矩阵如图 103 所示。这强调了通过满足积极、中立和消极利益相关者的期望来获得支持和共识的重要性，以最大限度地减少对变革的阻碍并消除次要风险。让积极/可靠的利益相关者参与所有关键决策是至关重要的。中立/被动的利益相关者必须参与所有关键活动。应让消极/抗拒的利益相关者保持知情，以监测他们的反应。在项目治理中，积极/可靠的利益相关者作为可信赖的顾问，必须积极参与。在正确的时间、正确的地点与所有类型的利益相关者进行协商。

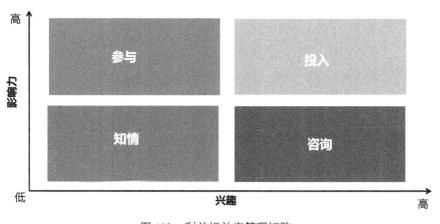

图 103　利益相关者管理矩阵

　　图 104 是用于确定持续创新的设计思维关键要素之间逻辑关系的九宫格解决方案。为了解释九宫格解决方案背后的基本原理，很明显，目标必须与范围保持一致，以保持专注，避免过于激进，并通过战略导航朝着正确的方向前进。

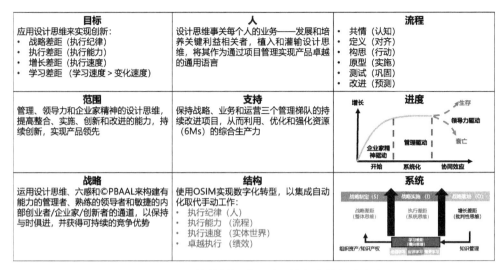

图 104　持续创新的设计思维九宫格解决方案

- 设计思维是人本驱动的，以实现持续创新，而创新可能会受到战略、执行、增长和学习差距的阻碍。因此，需要解决以下问题。

— 战略差距应该由执行纪律的人来弥合。

— 执行差距应该由有执行能力的人来弥合。

— 增长差距应该由拥有快速执行工具的人来弥合。

— 学习差距应该由那些已经具有加速行动学习能力（学习速度>变化速度）的人来弥合，以形成更好的管理、领导力和企业家精神，实现高绩效的组织文化。

— 人们（包括内部利益相关者和外部利益相关者）需要一种共同的工作语言，以通过项目管理打造卓越的产品。如果没有足够的关键资源，项目将在成本、进度和范围方面受到影响。这将导致次优化、资源利用不充分和对整体生产力提高的强化不足。

— 结构遵循战略，需要实施向 CEO 和 OSIM 报告的项目化结构，以确定项目资源的优先级。

—　卓越的执行（绩效）需要发挥执行纪律（人）、执行能力（流程）和执行速度（实体世界）的协同作用。

●　设计思维的 6As 流程是通过对风险的预测来不断改进的。事实上，一家公司的创立是由企业家精神驱动的。这将其带到了顶峰，在顶峰，管理对于更好地实现人、流程和实体世界的系统化至关重要。为了发展业务，重要的是发展和培育由领导力驱动的组织，以实现协同效应，以便在区域、国际和全球市场上蓬勃发展，详情见图 105。因此，使用九宫格解决方案弥合了上述 4 个差距，以获得整体思维（将各个部分组合在一起）、系统思维（将正确的部分放在正确的位置）、颠覆性思维（用新的、改进的和相关的部分替换过时的、多余的和不相关的部分）和横向思维（通过创建新的、改进的部分来适应下一个变革/创新周期）的全貌，如图 106 所示。

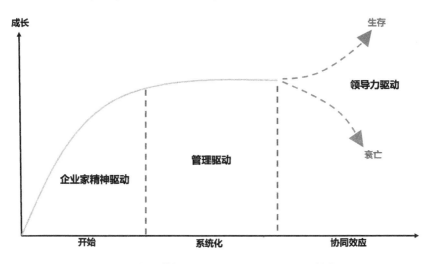

图 105　高绩效组织的开始、系统化和协同效应

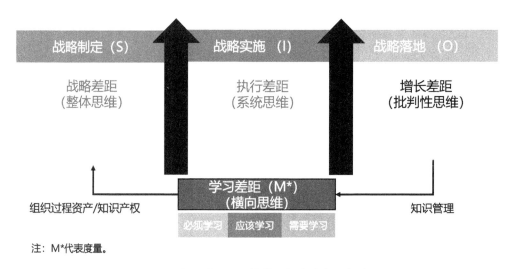

注：M*代表度量。

图 106　由 4 种不同思维技能组合弥合 4 个差距

与精益思维类似，图 107 描述了设计思维的原则、指南和承诺。这些原则、指南和承诺将成为实现一致性的工作方式或实践标准，以获得设计思维的好处，而设计思维需要与精益思维相统一，才能产生更大的影响。

综上所述，结合了六感/横向思维视角的设计思维可以揭示顾客的潜在需求。图 108 捕捉到了每种感官/视角的目的/本质。当设计思维与树立成本意识的精益思维的共同目标相统一时，这将提供一系列超越规范的好处和动力。

图 107　设计思维的原则、指南和承诺

结合六感的设计思维		
视觉	蓝色	有大局观、有远见
嗅觉	黑色	悲观、谨慎
听觉	黄色	乐观、冒险
味觉	绿色	创意、创新
触觉	红色	热情、积极
思维	白色	基于常识和证据
整体思维	整合	把各个部分组合在一起
系统思维	实施	把正确的部分放在正确的位置
批判性思维	创新	用新的、改进的和相关的部分替换过时的、多余的和不相关的部分
横向思维	改进	从六种感官/不同视角创造解决问题的产品

图 108 结合了六感/横向思维视角的设计思维

转型创新的颠覆性思维

在 21 世纪第一个 10 年的中期，颠覆性思维开始流行。威廉姆斯[57]将颠覆性思维定义为“一种以令人兴奋的意外解决方案，一次次给市场带来惊喜的思维方式。一种产生非常规战略的思维方式，让竞争对手手忙脚乱地追赶。这种思维方式将颠覆消费者的期望，并将一个行业带入下一代”。

我们思考、工作、行为和表现方式的这种范式转变将导致颠覆性创新——将复杂而昂贵的产品、服务和/或解决方案转化为简单且负担得起的产品、服务和/或解决方案[56]。已故的史蒂夫·乔布斯甚至进一步将转型创新的过程定义为“创造—创新—破坏”现有产品，这样下一个产品就可以完全不同；但新产品、服务和/或解决方案的制胜原因必须是比以前产品更快（速度和可靠性）、更好（质量）、更智能（灵活性和成本）。可以肯定的是，金（Kim）和勒妮（Renée）[50,51]增加了价值创新的必要性，以创造市场空间或蓝海，来满足被忽视的潜在需求。每个人都承认，创新对于可持续的竞争优势至关重要。但是，如果我们不改变整个公司的思维方式，那么创新仍然只是一种零敲碎打的方法，其影响是微不足道的。

精益思维是流程驱动的，以实现成本、质量、速度、可靠性和灵活性。设计思维是人本驱动的，以实现执行纪律、执行能力和执行速度，缩小 4 个差距——战略、执行、增长和学习。

颠覆性思维是另一种时尚或启发式概念吗？让我们使用 6As 分步方法来研究它在现实世界中的应用，该方法类似于构建全方位整合式思维。图 109 展示了 5 种思维技能的实际应用。

图 109　5 种思维技能的实际应用

通过精益思维的效率创新，实现 6Ms 的综合生产力提高已经在前面讨论过。通过弥合以下 4 个差距来维持创新的设计思维。

- 战略差距：在管理的三个层级之间，由 OSIM 进行跟踪和管理。

- 执行差距：战略、业务和运营目标必须与项目目标保持一致。

- 增长差距：组织卓越执行能力的成熟度需要满足轻量级、中量级和重量级项目的不同需求和要求。

- 学习差距：需要应对 VUCA 商业环境的不断变化［将隐性知识（组织过程资产/知识产权）转化为显性知识］。

图 110 和图 111 捕捉了颠覆性思维（激情驱动）转型创新（个人能力的 6Rs）的 6As 分步方法。6Rs 对团队能力产生连锁效应，并最终影响组织能力。转型创新通过嵌入个人执行能力、项目团队卓越执行能力和组织绩效精益文化的优先级明确的项目实现战略目标。

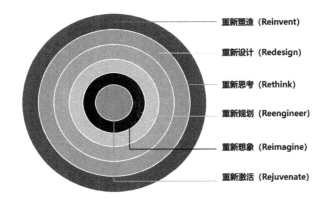

图 110　颠覆性思维转型创新的 6Rs

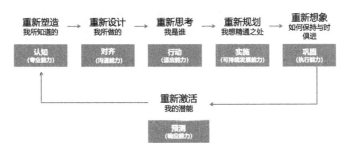

图 111　转型创新的颠覆性思维

- 认知：**需要重新塑造"我所知道的"**。这需要专业能力，根据不断变化的需求和要求来做正确的事，以满足利益相关者的期望（利益相关者包括内部和外部的客户，如投资者、监管机构等）。由于文化的多样性，不同国家的需求也不尽相同。时间就是一切，例如，先发优势——苹果智能手机、iPad。在战略实施中追求卓越的终身学习是成功的关键。

- **对齐**：**需要重新设计"我所做的"**。这需要个人的沟通能力，以增强优势，在组织使命的核心竞争力中脱颖而出——这是我们存在的原因。组织的使命是它的独特性、可扩展性和难以模仿的整体绩效文化/个人能力的结果，项目团队的能力对组织能力有贡献。例如，通过服务重要客户来获得最高的利润率，20%的客户贡献了80%的产品、服务和/或解决方案销售收入。盈利能力是组织的核心竞争力。

- **行动**：**需要重新思考"我是谁"**。这需要适应能力来影响、鼓励和调动员工更快地行动、做得更好、更聪明地学习，以击败竞争对手。谨慎地选择正确的人来执行纪律，实施正确的流程来获得执行能力是至关重要的。例如，100%成功地实施一个项目，要比90%的人认为战略是优秀的，但成本和进度超支导致客户不满要好。这并不是双赢的结果。适应能力方面的障碍可以通过实体世界来克服，以提高执行速度，全球外包是一个更智能的替代/解决方案。

- **实施**：**需要重新规划"我想精通之处"**。这需要可持续发展能力来保持与时俱进，通过满足利益相关者的需求和跟上技术的步伐来应对不断的变化，以获得竞争优势。公司的独特性在于其品牌领导力。每个公司都从专注于自己的核心能力/使命（我所做的）开始，成功地实施增长战略（我是谁）来实现其愿景（我想精通之处）。这保证了公司要不断地改进和学习（我所知道的）。为了提高可持续发展能力，在我们能够获得从统一人的心灵和思想转变为授权/敏捷团队的好处之前，改变我们的思维方式是至关重要的。我们通过在工作中应用通用的语言来实现这一目标。因此，我们可以在良好的管理、领导力和企业家精神方面获得一致性，从而超越/取代竞争对手。

- **巩固**：**需要重新想象"如何保持与时俱进"**。这需要通过优先级明确的项目来实现战略实施的执行能力。为了维持运营，公司必须将投资分配到轻量级项目的短期战略（最长 3 年）、中量级项目的中期战略（最长 6 年），以及重量级项目的长期战略（最长 10 年或更长时间）上。这是为了保持韧性，应对全球化动荡力量影响下的区域、国际和全球商业环境。关键资源应分配给创造未来的长期战略。中期战略可能意味着必须放弃一些无利可图的中量级项目。短期战略投资于当前的轻量级项目，这些项目必须进行投资回报率管理。

- **预测**：需要重新激活"我的潜能"。这需要应对风险的响应能力，如利益相关者需求的突然变化。同时，谨慎的做法是专注于业务增值最高、风险最低的项目。如果没有由正确的人执行正确的流程并为正确的人配备正确的实体世界以加快执行速度的风险响应计划，则风险战略是不完整的。在当今的 VUCA 商业环境中，及时的风险应对能力是不可避免的。风险矩阵与 VUCA 矩阵是密切相关的。

图 112 整合了 6 种主要思维技能。通过精益思维寻找更好的管理，通过设计思维寻找领导力，通过颠覆性思维寻找企业家精神，通过敏捷思维寻找创新者精神，通过全方位整合式思维寻找战略企业家精神，通过奥林匹克思维寻找人力冠军。结果是通过整合、实施、创新、改进、增值和灵活应变的能力来衡量的。

精益思维（管理）	整合	重新塑造	我所知道的	专业能力
设计思维（领导力）	实施	重新设计	我所做的	沟通能力
颠覆性思维（企业家精神）	创新	重新思考	我是谁	适应能力
敏捷思维（创新者精神）	改进	重新规划	我想精通之处	可持续发展能力
全方位整合式思维（战略企业家精神）	增值	重新想象	如何保持与时俱进	执行能力
奥林匹克思维（人力冠军）	灵活应变	重新激活	我的潜能	响应能力

图 112　增强整合、实施、创新、持续改进、增值和灵活应变能力的颠覆性思维

图 113 捕捉了与横向思维相结合的 6 种颠覆性思维元素。这种结合有助于克服变革的阻力。

图 113　与横向思维相结合的 6 种颠覆性思维元素

图 114 所示的概念图抓住了转型创新的颠覆性思维的本质。颠覆性思维[55]导致颠覆性创新[56]，即"三思而后行"。同样，布洛姆斯特罗姆（Blomstrom）[58]主张，"没有思考方式，就不可能有工作方式，我们必须减少'人类债务'才能获胜"。

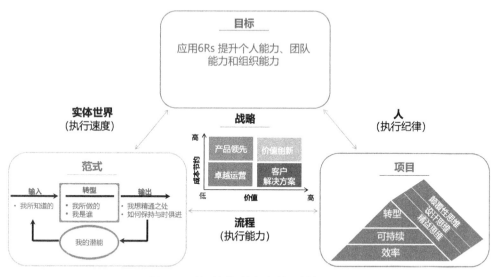

图 114　转型创新的颠覆性思维概念图

图 115 描述了 6Rs 及颠覆性思维范式转变的 6 种主要模式，这是一个统一的概念。

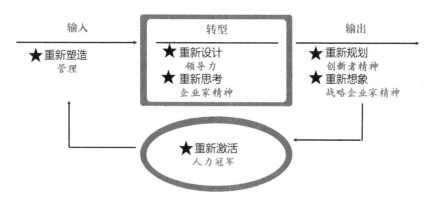

图 115　6Rs 及颠覆性思维范式转变的 6 种主要模式

- 重新塑造对浪费的管理的精益思维。

- 重新设计有效领导力的设计思维。

- 重新思考新常态下的企业家精神的颠覆性思维。

- 重新规划将创新者精神再造为绩效文化的敏捷思维。

- 重新想象战略企业家精神的全方位整合式思维。

- 奥林匹克思维重新激活人力资源活力，进而成为人力冠军。

图 116 统一了颠覆性思维的 6Rs，使用九宫格解决方案解释了个人应对变化的概念、能力和连接的业务增值。图 117 使用系统图捕捉了个人的范式——从人力资源到人力冠军的发展和培养模式。

重新塑造"我所知道的"	重新设计"我所做的"	重新思考"我是谁"
自我认知至关重要：提高个人能力，增强力量，最终获得优势；加强团队协作，提高6Ms的综合生产力；组织的能力成熟度是终身学习（每个人）的高绩效文化	所有人都必须首先改变他们的思考方式，这样才能改变他们工作、行为和表现的方式。三思而后行。精益思维是流程驱动的；设计思维是人本驱动的；颠覆性思维是激情驱动的，新常态商业环境的重新设计是不可避免的	领导力意味着变革；变革始于领导者。适应能力是发展和提高创新能力的必要条件。个人的影响力有限；团队领导力是通过©PBAAL促使绩效不佳的团队成为卓越团队的关键变革动因
重新激活我的潜能	重新想象如何保持与时俱进	重新规划"我想精通之处"
失败是成功之母。在危机中，领导力、管理和企业家精神必须统一起来，引导组织通过项目或产品的颠覆性创新，提高产出的效率，实现人、流程和实体世界的持续创新和转型创新	6Rs是不可分割的，必须统一起来，以获得最高的业务增值和最低的风险。组织经历了5个成熟度阶段；通过项目的最高战略执行来衡量	价值观驱动行为，行为驱动商业结果。每个人都有责任维护价值观，精益思维、设计思维和颠覆性思维组织行为，以实现成本、质量、速度、可靠性和灵活性的卓越执行，从而获得竞争优势

图 116　将个人创新转化为团队创新的颠覆性思维 6Rs 和高绩效文化

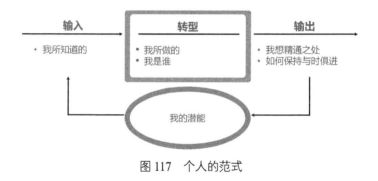

图 117　个人的范式

图 118 展示了颠覆性思维的原则、指南和承诺，用于转型创新，以实现利益相关者的互利共赢。

图 118　颠覆性思维的原则、指南和承诺

迄今为止介绍的 3 种思维技能重点关注个人能力。

- 利用精益思维消除 9 种浪费，实现卓越运营，提高综合生产力，以获得最佳成本。

- 利用设计思维弥合组织系统中的 4 个差距——战略差距、执行差距、增长差距和学习差距。这往往是非结构化的，让个人主动分享从零碎的隐性知识中吸取的经验教训。

- 利用颠覆性思维改变我们的思考方式，重新塑造（我所知道的）、重新设计（我所做的）、重新思考（我是谁）、重新规划（我想精通之处）、重新想象（如何保持与时俱进）、重新激活（我的潜能）。

图 119 显示了将系统思维与整体思维相结合的重要性，生动地描绘了精益思维、设计思维和颠覆性思维对个人的影响。

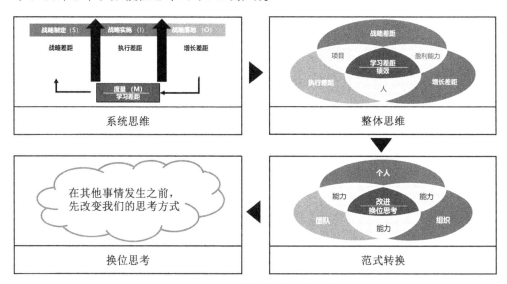

图 119　系统思维和整体思维相结合

接下来我们将讨论敏捷思维。这对于充分理解在"我们"（团队能力）之前改进"我"（个人能力）的基本原理非常重要。

我们还将揭示全方位整合式思维对组织能力的必要性。

促进混合式创新的敏捷思维

必须扼要重述下列活动的目的和主要目标（只有一个）：

● 精益思维——让每个人都树立成本意识，消除 9 种浪费，实现卓越运营，达到最佳成本。

● 设计思维——向每个人灌输统一的归属感和主人翁意识，以提高执行纪律

（人）、执行能力（流程）和执行速度（实体世界）。所有这些都是为了通过项目成功实施战略，实现最高的执行能力，带来最佳的质量和可靠性。

- 颠覆性思维——将提高综合生产力作为效率创新（管理当前）、持续创新（有选择地放弃一些表现不佳或无关紧要的项目）和转型创新（创造未来）的成果，以保持与可持续竞争优势相关的最大业务增值。

敏捷思维是赋予项目团队混合式创新能力以培养高绩效的组织文化的思维方式。通过发展、培养和接受敏捷思维的原则、指南和承诺，项目团队可以超越标准绩效。这是通过将个人能力转化为团队能力，使所有利益相关者共赢的敏捷思维模式发挥协同效应来实现的。图 120 是一个概念图，它捕捉到了敏捷思维的本质。

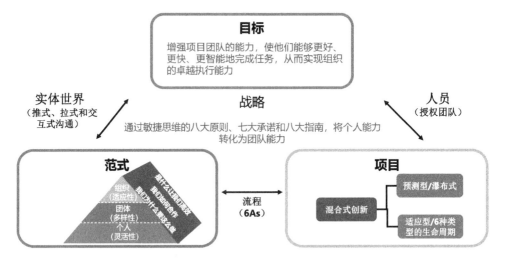

图 120 提高项目团队能力以产生协同效应的敏捷思维模式概念图

混合式创新的敏捷思维概念图

图 120 展示了混合式创新的敏捷思维概念。混合式创新项目分为预测型/瀑布式项目和适应型项目。敏捷思维的目的是提高生产力和成本效益。这分别是最小业务增量和最小可行产品的迭代和增量生命周期的结果。

战略基于敏捷思维的八大原则、七大承诺和八大指南（见图 121），将个人的灵活性转化为团队的多样性和组织的适应性。最终目标是建立一支高绩效团队，使其有能力缩短交付周期，从而获得速度优势。

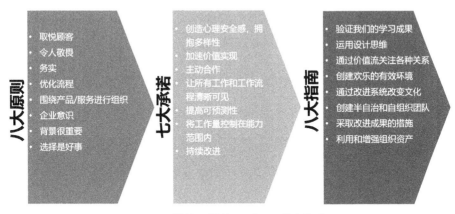

图 121　敏捷思维的原则、承诺和指南

项目的实施流程从立项开始，然后是施工。项目完成后，将移交给客户/最终用户。可以肯定的是，实体世界为信息和沟通技术（推式、拉式和交互式）提供了单一来源。因此，概念图提供了一个完整的概览，或者说是全方位整合式思维的洞察。

对于敏捷思维的原则、指南和承诺而言，至关重要的是：

- 学习的速度≥商业环境变化的速度。

- 有关原则、承诺和指南，请参见图 121[59]。

敏捷思维的八大原则：我们为什么要这么做

- 取悦客户：我们存在的理由；完成工作并获得报酬。

- 令人敬畏："我们"而不是"我"（团队等于"齐心协力，众志成城"），这种相互尊重的结果会给团队带来令人惊叹的效果。团队合作就是学习和分享我们所学到的东西，而不用害怕被批评，做你自己（尽我们能）。

- 务实：重要的不是我们的工作有多智能，而是我们完成了多少工作，在多大程度上满足了客户的期望和需求。这意味着要求、约束和需求。

- 优化流程：巩固精益思维——消除浪费，改善价值流的流程，采用和调整统一的"看板和改进"方法，以实现精益六西格玛。各级管理层的支持至关重要。

- 围绕产品/服务进行组织：六西格玛的理念是实现零投诉（服务）和零缺陷（产品）；两者必须齐头并进，才能赢得客户的心、思想和灵魂。实际上，产品和服务（有时称为解决方案）是不可分割的。不成功，便成仁。

- 企业意识：企业的价值观驱动行为，企业的行为驱动业务成果。这是常识，但并非总是如此。员工需要有强大的价值观来支持企业的愿景（核心竞争力、独特竞争力）。并非所有组织都会严格确保将这些价值观嵌入员工的思维方式中。然而，如果没有增长能力（战略），每个想法都只是好想法，直到它被实施。

- 背景很重要：每个人都是独一无二的，不能依赖于他在特定技能方面的经验——作为专家。更重要的是，要发展 T 型技能，成为通才和专家。敏捷团队成员需要满足某些标准，即正确的态度、知识、服务型领导技能、战略、业务和运营绩效（这取决于团队在组织中的角色、责任和权力）。20 世纪的能力被 21 世纪的能力基石所取代。这些通过实体世界进行整合，通过结果驱动的服务型/敏捷领导实施。此外，还需要制定创新战略，通过创造令利益相关者满意的优质产品和服务，实现可持续的财务绩效。这源于©PBAAL 速度≥客户需求的变化速度。为了持续改进，敏捷团队需要终身学习，提高 T 型技能，通过开发软硬两种技能来优化左右脑，从而获得最高的执行能力。现在的项目更加复杂、要求更高、跨界和跨职能。21 世纪的特点是项目驱动型经济。

- 选择是好事：只有一种解决方案是不够的；这与敏捷思维不符。业务敏捷性创造了许多备选方案/混合式创新项目库，这些项目会随着商业环境的变化而变化。最近，微软、Alphabet、亚马逊、戴尔、IBM 纷纷裁员。务实的转型战略取决于企业选择的风险应对实施方案有多灵活、多样和适应性强。图 122 描述了敏捷的特征——融合了作者视角下的灵活、多变和适应。它们相互联系、相互依存，密不可分。

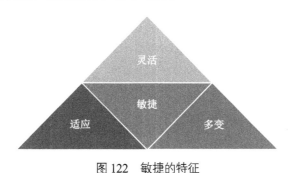

图 122　敏捷的特征

图 123 根据灵活、多变、适应等特点对敏捷进行了定义。例如，我们灵活应对、合作/协作，通过服务型领导和同理心来满足不同客户的需求。作为精益文化和浪费管理的一部分，我们灵活处理多项任务，避免过度使用人力资源。为了公司的发展，我们适应性地接受跨境任务，采用多中心方法培训和培养东道国员工，让他们接管业务/运营，直到当地人胜任为止。

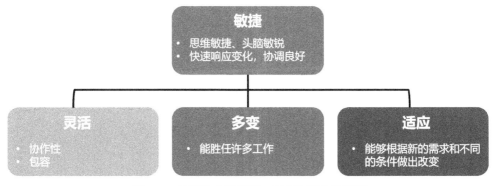

图 123　敏捷取决于灵活、多变和适应的程度

一个有能力的敏捷团队需要发展 T 型技能，即正确的知识、领导技能和战略/业务/运营思维能力。图 124 显示了一套务实的核心价值观，追求最高组织执行能力绩效文化的八大原则、七大承诺和八大指南。

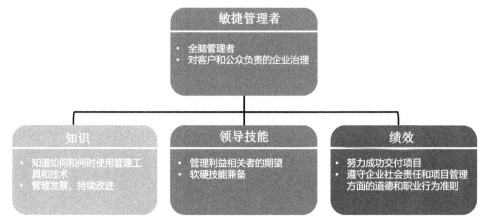

图 124　敏捷授权团队的核心价值观

图 125 将混合式创新项目分为预测型/瀑布式项目和适应型项目两大类。图 126 显示了 6 种不同的适应型生命周期。

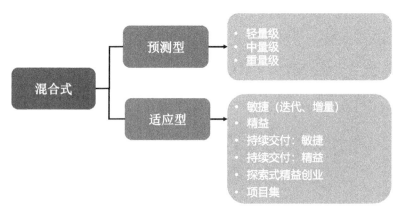

图 125　混合式创新项目包括预测型/项目和适应型项目

图 126　6 种适应型生命周期

敏捷思维的七大承诺：我们如何合作

- 创造心理安全感，拥抱多样性：改变流程，不惩罚人；流程和系统不存在文化敏感性或人的问题。

- 加速价值实现：保持改进势头。

- 主动合作：主动发起合作并提供帮助。

- 让所有工作和工作流程清晰可见：透明度带来更强的信任。

- 提高可预测性：与主要利益相关者共同制订计划，消除沟通差距/障碍，从而使计划清晰明了。

- 将工作量控制在能力范围内：及时完成工作是每个人的责任。

- 持续改进：持续改进是一项日常工作，每个人都要对改进负责，这样才更切合实际。

敏捷思维的八大指南：是什么让我们高效

- 验证我们的学习成果：从"旧"的积极行为转变为"新"的积极行为。

- 运用设计思维：每个人都要养成关注客户旅程的好习惯，并优先考虑必须迅速解决的痛点。

- 通过价值流关注各种关系：利益相关者是指任何能够影响你的工作成败的人；利益相关者的最大业务增值对于管理他们的体验以满足他们的期望至关重要（他们的感知结果是"满意"或"不满意"）。

- 创建欢乐的有效环境：要保持团队的快乐与和谐，就必须养成互相帮助的好习惯——同时不忘保持健康（摘自柯维[60]《高效能人士的七个习惯》）。

- 通过改进系统改变文化：人是系统的管理者；新的系统和流程要求人们改变工作方式。文化只有经过一定时期的范式转变才能成熟。

- 创建半自治和自组织团队：授权对于建立信任和团队合作至关重要。当确定了卓越执行能力成熟度后，就会形成高绩效的组织文化。这不能一蹴而就。应用 80/20 原则，让授权团队管理 80% 的工作，这些工作对项目绩效的贡献仅为 20%，这只是试验期的做法。一旦团队达到塔克曼（Tuckman）[61]团队建设模型中的规范阶段，项目经理将委派更重要的工作。

- 采取改进成果的措施：任何无法衡量的事情都难以管理或改进。一个有用的工具是企业平衡计分卡，其中包含五个关键绩效指标（成本、质量、速度、可靠性和灵活性）和三重约束条件（范围、进度和成本），它们可以统一为一个指标，用于衡量业务价值供应链中资源（资金、人力、机器、原材料和方法）的综合生产力，以确定产品/服务的单位成本。

- 利用和增强组织资产：经验教训可归类为知识产权或组织过程资产，如果用于出售，则具有一定的货币价值，如专利、咨询服务。将隐性知识转化为显性知识需要始终如一付出努力，以确保学习的速度≥变化的速度。

使用"九宫格解决方案"的敏捷思维通过将相互交织且不可分割的各个部分放在一起来确保事物的逻辑关系，参见图 127。敏捷思维的目的是实现业务/企业敏捷性，重点关注最大业务增值和最低风险，从而提高生产力和成本效益。混合式创新项目的范围涵盖预测型/瀑布式项目和适应型项目。敏捷思维的战略是提高个人能力、团队能力和组织能力，使其变得真正敏捷：灵活、多样和适应的结合基于敏捷思维的八大原则、七大承诺和八大指南。

敏捷思维中人的范围体现了受组织文化影响的授权项目团队、内部和外部利益相关者。它触发了建立信任圈的必要性，以培养自组织个人（作为流程责任人的责任）和负责优化和利用关键资源的项目团队（作为受到组织激励/奖励的授权项目团队工作）。

被授权的敏捷项目团队可以扮演支持（促进）、控制（集中）和指导（领导和辅导）的角色。

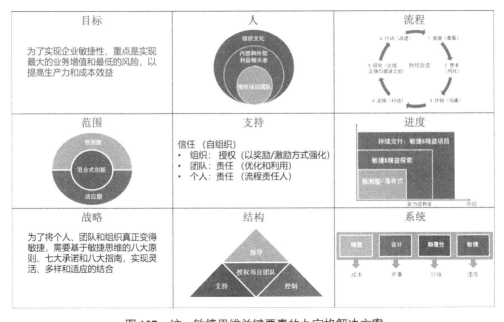

图 127　统一敏捷思维关键要素的九宫格解决方案

要想持续改进，就必须嵌入"观察—思考—计划—实施—研究—行动"的流程，即查看—内化—沟通—行动—总结正确与错误之处—改进。要从典型的预测型/瀑布式项目转变为使用敏捷思维的自适应生命周期的实施，必须从探索性、敏捷性和精益性开始，然后持续交付敏捷和精益以及项目管理。这必须与项目能力成熟度水平保持同步；从初始到计划、管理，再到集成，最终到优化[62,63,64]。

敏捷思维体系不能孤立于精益思维、设计思维和颠覆性思维，即

- 精益思维实现成本优势。

- 设计思维实现质量优势。

- 颠覆性思维实现价值优势（灵活性）。

- 敏捷思维实现速度优势（可靠性）。

事实上，对精益思维、设计思维、颠覆性思维和敏捷思维的思考与佛尔德斯（Ferdows）和德·梅耶（De Meyer）[65]的 5 个 KPI 沙锥模型一致——成本、质量、速度、可靠性和灵活性。然而，金和勒妮的蓝海战略[22]纳入了 21 世纪最重要的 KPI 之一，即价值创新导致对灵活性的需求。因此，从全方位整合式思维的角度来看，灵活性是颠覆性思维——价值创新的晴雨表。

为了影响利益相关者，使其转变为敏捷思维，必须运用转型变革管理的 6As 来克服变革阻力，实现双赢，参见图 128。

认知	对齐	行动
敏捷是一种思维方式，影响个人、团队和组织如何思考、工作、行为和表现，以实现最大的业务增值和最低的风险，提升生产力和成本效益	目前没有关于敏捷的国际标准。最好将敏捷思维与精益思维、设计思维、系统思维、整体思维、批判性思维、横向思维和颠覆性思维结合起来，成为培养授权团队的"工作方式"，以实现高绩效的组织文化	敏捷和精益思维相结合，授权的项目团队能够实现双赢的结果，从而形成一个自组织的团队，提高执行能力、执行速度和执行纪律，最大限度地减少冲突，并增强团队合作，影响利益相关者支持持续改进
预测	巩固	实施
必须将隐性知识转化为显性知识，消除任何沟通障碍和对人（执行纪律）、流程（执行能力）和实体世界（执行速度）进行敏捷管理的障碍。这是因为授权团队存在固有的风险因素	敏捷领导力是确保利益相关者满意度、业务可持续性、资源的优化利用和成本效益的提升是可衡量的。通过创建有效的环境来促进团队成员互相支持和学习，以整体为单位不断改进，实现更大的绩效影响和建立双赢关系	利益相关者必须与授权团队合作，优化整个组织，这是一个复杂的适应型系统，衡量重要指标，以可持续的节奏不断交付小批量的工作，通过管理队列来处理延迟，持续改进，专注于改进价值流的流畅程度（缩短排队时间和交付时间）

图 128　向敏捷思维转变的转型变革管理的 6As

- 产生认知：解释为什么需要变革。（我们知道）

- 确保对齐：强调为什么现在需要变革。（我们理解）

- 采取行动：如果我们不变革会怎样？（我们可以）

- 鼓励实施：确定谁实施了变革。（我们想要）

- 巩固落实：评估何时可以完成变革。（我们擅长）

- 预测风险：估计变革失败的风险及其后果，即概率和影响。（我们谨慎行事）

尽管如此，我们需要接受这样一个事实，即一些消极的关键利益相关者仍然会抵制/不受变革影响/无法教导。这群人必须被淘汰。

敏捷思维在数字化转型时代的范式转变

图 129 总结了敏捷思维在数字化转型时代的范式转变。第一步也是最关键的一步是通过©PBAAL 来改变我们的思考方式——从预测型到敏捷型。

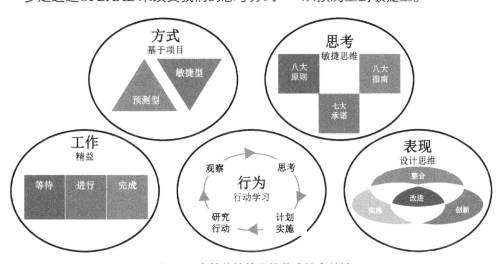

图 129　有效的敏捷思维范式转变总结

必须将八大原则、七大承诺和八大指南作为一种高绩效、授权的敏捷团队文化予以接受和灌输。精益项目工作（等待—进行—完成）必须及时执行，使用针对 5Ms 的拉式看板系统，通过价值流分析实现第六个"M"（时间），从而消除不必要的排队/等待时间。统一 4 种思维方式（精益思维、设计思维、颠覆性思维和敏捷思维），持续改进，应用"观察—思考—计划—实施—研究—行动"循环，通过最小可行产品和最小业务增量获得增量和迭代效益。超越利益相关者的满意度/客户体验，从而超越期望/感知。

最终的表现是融为一体、密不可分的整合能力（更好的管理）、实施能力（更好的领导力）和创新能力（更好的企业家精神）。为了从整体上进行改进，全方位整合式思维确保正确的概念、正确的能力和正确的连接相互配合和衔接，以实现卓越的执行。通过弥合所有组织固有的 4 个差距来应对数字化转型时代的不断变化。

数字化转型时代目标驱动创新的全方位整合式思维

表 14 将 4 种思维方式（精益、设计、颠覆性和敏捷）与 4 种思维技能（整体、系统、批判性和横向）进行了整合。

表 14　整合 4 种思维方式和 4 种思维技能

思维方式	整体 （整合）	系统 （实施）	批判性 （创新）	横向 （改进）	全方位整合式 （增长）
精益	全面的商业价值供应链	整个组织的成本降低技术手段	更快（速度、可靠性）、更好（质量）和更智能（成本、灵活性）	通过持续地对6Ms的综合生产力进行管理,实现最短的交付时间	流程驱动成本优势
设计	通过统一各个要素,应用6As和六感来确保规划的清晰性:管理、领导力和企业家精神的影响	有效监督和控制:管理用于整合,领导力用于实施,企业家精神用于创新	通过用新的或改进的要素替代无关或过时的要素,实现更好的管理、领导力和企业家精神,从而实现有效的决策	应用横向思维和同理心分析,统一战略、业务和运营三个层面,构建高绩效的全面质量管理文化	人本驱动质量优势

（续表）

思维方式	整体 （整合）	系统 （实施）	批判性 （创新）	横向 （改进）	全方位整合式 （增长）
颠覆性	人、流程和实体世界。在管理、领导力和企业家精神中应用6Rs来实现可持续竞争优势	提高个人能力、团队能力和组织能力	提升专业知识、沟通能力、适应性和可持续能力，以保持韧性	对不同类型的项目（轻量级、中量级和重量级）应用效率创新、持续创新和转型创新方法	激情驱动最高商业价值和最低风险优势
敏捷	统一的思维要灵活、多样和适应变化，以符合业务需要	迭代、增量、敏捷和适应型项目管理的混合系统	基于原则、承诺和指南的敏捷思维，以实现更好的实践和赋权团队绩效	概念、能力和连接对于积极、消极和中立的利益相关者来说是不可分割的，以最小阻力面对变革	范式驱动速度和可靠性优势
全方位整合式	全脑式完整问题解决方案	优化和利用关键资源，以强化战略、业务和运营目标	培养并发展一支人才储备队伍，从胜任的管理者到有效的领导者和熟练的企业家，以实现卓越的执行能力	通过达成共识，克服变革的阻力，以实现最佳的成本、绩效、解决方案、性价比和可持续性	目标驱动卓越执行
提升	管理	领导力	企业家精神	创新者精神	战略企业家精神

图130体现了全方位整合式思维的本质，其中包含以下工具。

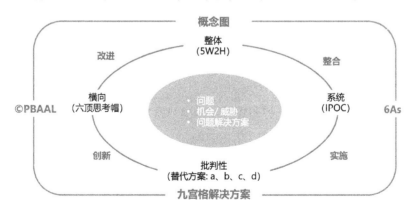

图130 全方位整合式思维以强化全脑/全面/完整解决方案的方法

- 概念图：提供正在讨论的问题/机会与威胁/问题解决方案的概述。

- 6As：通过产生认知（我们知道）、确保对齐（我们理解）、采取行动（我们可以）、鼓励实施（我们想要）来弥合沟通差距，巩固落实（我们擅长）和预测风险（我们谨慎行事）。主要目标是沟通，以进行转型变革管理，影响并获得利益相关者的支持，从而实现双赢结果。

- 九宫格解决方案：现实检查，以确保战略实施的所有关键要素都得到评估。捕捉与人、流程和实体世界相关的 9 个要素，以支持战略实施，重点关注范围，并根据里程碑时间表和衡量正确关键绩效指标的系统选择正确的项目/组织结构进行实施。

- ©PBAAL：实时捕捉和分享学到的每个经验教训；因此，将隐性知识转化为显性知识，以积累专业力量（也称组织过程资产/知识产权）。吸取的经验教训将得到更好的巩固和利用，以获得可持续的竞争优势。

- 组织的 4 个固有差距——战略差距、执行差距、增长差距和学习差距——将利用整体思维进行整合。这些差距将利用系统思维在实体世界（信息和通信技术/物联网）的帮助下进行有效监督（人）和控制（流程）来弥合。变化是一种常态。批判性思维将有效决策作为动态的创新管理过程来应对。在包容性的全球项目驱动的商业环境中相互尊重需要文化敏感性。横向思维从 6 个视角出发，在听取了以不同方式分析挑战/问题的专业人士的意见后，做出更好的决策。

第三章的结论是，尽管每个组织都急于恢复到疫情前世界经济和全球化的"好日子"，实现两位数的增长，但如果不在新常态下采取正确的行动，改变我们整体的思考方式，那么我们将错失良机！

第四章　实　　施

谁来执行创新战略，将其转化为项目集和项目的组合，以实现卓越执行？

引 言

第四章讨论了执行创新战略的人文因素，以应对不同的个人、项目/授权敏捷团队和组织（由内部和外部利益相关者组成）。制定连贯的战略需要巨大的努力。要成功实施创新战略，也需要巨大的努力，并需要全方位整合式思维。

- 明确规划，确定谁做什么。

- 有效监督人（由谁负责咨询和提供信息，确保整个团队全身心投入——执行纪律）和控制流程（完成了什么？什么未完成）。

- 通过对利益相关者施加影响进行有效决策，利益相关者可能对变革持积极（支持/强化）、中立（波动）和消极（抵制）态度。图 131 显示了个人（民族文化）、团队（专业文化）和组织（利用企业文化调整使命和愿景以指导其连贯战略）之间的复杂关系。

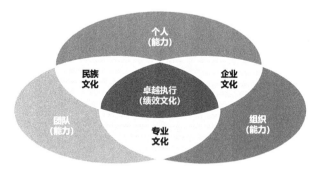

图 131　个人、团队和组织对绩效文化产生影响

- 已故的吉尔特·霍夫斯泰德[66]（Geert Hofstede）从文化的 6 个维度解释了个人的民族文化，以避免文化冲突。

- 专业文化取决于所处学科/领域。作者采用了项目管理协会（美国）的价值观作为解释说明。

● 企业文化以美国通用电气公司为例进行说明。

3 种不同文化，即民族文化、专业文化和企业文化形成了"第三文化"——影响企业卓越执行的绩效文化。因此，连贯战略的卓越执行能力是高绩效文化的晴雨表。企业要想脱颖而出，就必须改变思考方式、工作方式、行为方式和表现方式，从而实现高绩效文化，以获得最高执行力。图 132 揭示了统一集体领导力的必要性。这涉及个人执行能力、团队项目管理能力和组织绩效文化。敏捷企业家精神能够点燃激情，以最大的业务增值和最低的风险抓住机会。

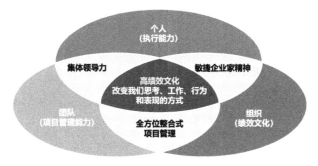

图 132 管理、领导力和企业家精神相互依存、密不可分，共同构成高绩效的人力资本文化

图 133 是汤皮诺[67]（Trompenaars）的研究成果，它揭示了 67%的战略实施失败的原因。"第三种文化"导致的文化多样性成为阻碍通过项目集和项目的组合实施战略的最大障碍之 。必须将项目管理作为非日常工作的通用语言，以消除沟通障碍。影响和塑造高绩效文化的 4Rs 如下所示。

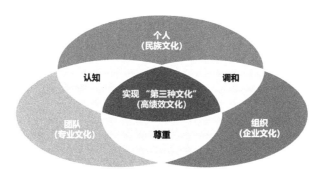

图 133　影响和塑造高绩效文化的 4Rs

- 认知（Recognise）——显然，民族文化的 6 个维度及其价值观的确会影响个人行为/特征（见图 134）。

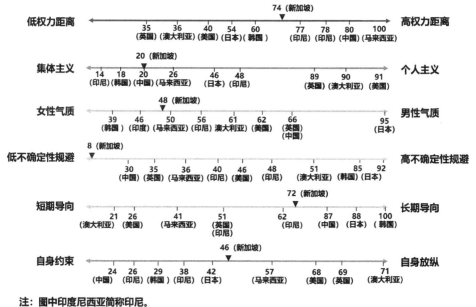

注：图中印度尼西亚简称印尼。

图 134　霍夫斯泰德民族文化的 6 个维度[66]

- 尊重（Respect）——专业项目经理的 4 个职业价值观（见图 135，使用项目管理协会的价值观进行说明）不同于专业工程师或特许公共会计师等的价值观。

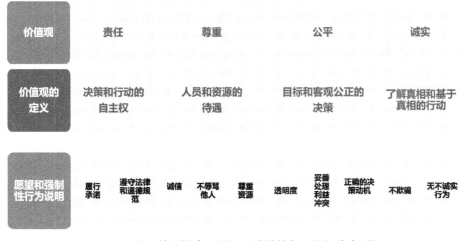

价值观	责任	尊重	公平	诚实
价值观的定义	决策和行动的自主权	人员和资源的待遇	目标和客观公正的决策	了解真相和基于真相的行动

愿望和强制性行为说明	履行承诺	遵守法律和道德规范	诚信	不辱骂他人	尊重资源	透明度	妥善处理利益冲突	正确的决策动机	不欺骗	无不诚实行为

图 135　项目管理协会"项目团队道德与职业行为守则"

- 调和（Reconcile）——随着时间的推移，企业价值观将塑造企业自身的一种组织文化（见图 136，以通用电气公司为例），然而并非每个人毕业后都就职于同一家公司，因此，把在其他组织工作了相当长一段时间的高管招聘进来，会形成一种混合式组织文化。

个人和项目团队的价值观

展示通用电气领导力的"4Es"理念
- 活力（Energy）——积极应对变化的活力
- 能力（Energize）——鼓舞他人迎接挑战、战胜困难的能力
- 决断力（Edge）—— 做出艰难决定的决断力
- 执行力（Execute）——始终如一地交付成果（没有任何借口）的执行力

展示通用电气领导力的"4Ss"标准
- 自信（Self-confidence）——相信所做的事情
- 简单（Simple）——让事情变得简单
- 速度（Speed）——紧迫感
- 伸展（Stretch）——瞄准"不可能"，提高标准

通用技能，但需要适应

图 136　通用电气公司价值观驱动

- 实现（Realise）——价值观驱动行为，行为驱动结果——高绩效文化的协同和集体努力。"第三种文化"得以实现，其结果植根于可持续的竞争优势。这源于包容性的文化多样性——为形成协同优势统一和强化。

从 4Rs 的角度来看，世界级的领先组织致力于让员工步调一致参与其中，去理解并重视其使命（核心能力——独特性、可扩展性、难以模仿）、连贯战略（增长能力——区域、国际、全球业务）和愿景（独特能力——品牌领导力），并在其价值观（文化能力——改变我们思考、工作、行为和表现的方式）的支持下实现这些目标（见图 137）。

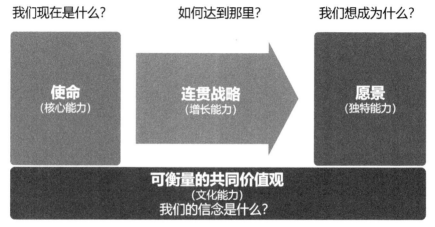

图 137　以可衡量的企业价值观（转化为关键绩效指标）为支撑，
与使命、战略和愿景保持一致，推动取得成果

实现高绩效文化的 4Rs 人文因素

如果不改变思考方式，我们就无法拥有"我们在这里工作的方式"，即文化。全方位整合式思维是精益思维、设计思维、颠覆性思维、敏捷思维的"总括"。为了持续改进，我们实行"观察—思考—计划—实施—研究—行动"的循环。我们

需要点燃人们的激情，以改善管理、领导力和企业家精神，从而与时俱进，获得可持续的竞争优势（见表15）。

表15 "思考""工作""行为"和"表现"之间的关系

思考	工作	行为	表现
整体	精益	认知	成本
横向	设计	尊重	质量
批判性	颠覆性	调和	价值
系统	敏捷	实现	速度
全方位整合式	总括	结果	超强执行力

全方位整合式思维将四种思维技能统一起来并作为一种整体解决方案加以应用，以缓解和弥合"第三种文化"带来的文化差异。

- 认知：运用整体思维获取和评估民族文化的差异，以管理期望——期望差距。关于美国、英国和中国民族文化的差异，请参见图 138。通过整合民族文化的 6 个维度，将碎片拼接在一起，即运用整体思维来了解文化契合度，从而预先防范和避免文化冲突[66]。

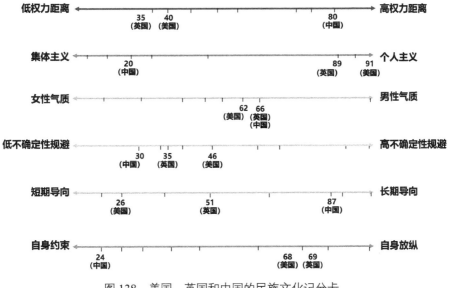

图 138 美国、英国和中国的民族文化记分卡

- 尊重：运用横向思维，创造看待事物的新层面/新视角，同时解决问题，追求卓越。不同的专业人员因职业价值观不同而产生不同的看法，请参见图 139。

图 139　横向思维：不同专业人员因职业价值观不同而产生不同的看法

- 调和：运用批判性思维，剔除无关/过时的备选方案，选择合适的备选方案。请参见图 140，根据绩效标准（关键绩效指标）创建不同的备选方案和需求，并确定优先次序。

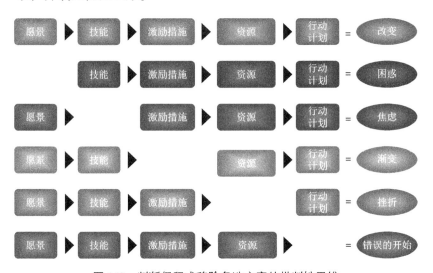

图 140　判断保留或移除备选方案的批判性思维

- 实现：运用系统思维来监督人（执行纪律）、控制流程（执行能力）和实体世界(执行速度、物联网/信息和通信技术，包括在虚拟世界中工作的人)，请参见图 141。

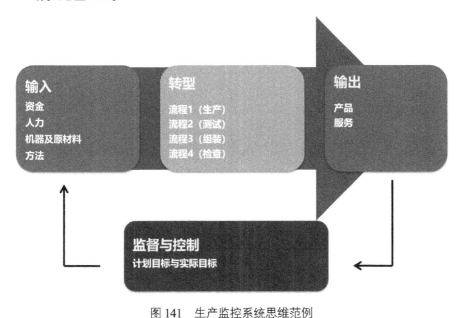

图 141　生产监控系统思维范例

应对十大差距的 6As 转型变革管理

　　管理者、领导者和企业家都是人，而管理、领导和创新都是过程。改变一个人是很难的。但我们可以从改变管理流程开始，影响和塑造人们的思考方式，这会使一个人的工作、行为和表现方式产生连锁反应。在成熟阶段，转型是从集体、个人习惯到团队合作，最终是组织行为/文化——我们的工作方式。必须认真规划变革管理中人文因素的范式转变。此外，组织发展还包括管理、领导力和企业家精神，三者密不可分、息息相关。跨国企业组织发展进程是从左向右推进的；相反，中小企业组织发展则是从右到左推进的，如图 142 所示。这一现象产生了十大差距，请参见图 143。

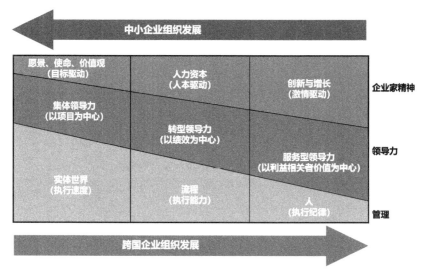

图 142　中小企业和跨国企业组织发展的内在现象

图 143　组织发展产生的十大差距

跨国企业拥护目标驱动的价值观（我们的信念），以推动其使命（我们现在是什么），实现其愿景（我们想成为什么）。通过以项目为中心的集体领导力（轻量级、中量级和重量级），实现以实体世界为中心的执行速度。物联网涉及信息和通信技术。人本驱动的人力资本发展战略，通过以绩效为中心的转型领导力，提高执行能力。激情驱动的企业家精神，以利益相关者价值为中心，通过服务型领导力实现创新与成长，在执行中遵守纪律，最终超越利益相关者的期望。跨国企业组织发展经历了 3 个关键阶段——系统化、成长、优化。

中小企业从初创期、成长期、成熟期发展成为跨国企业。然后，它们将继续重复系统化、成长、优化的跨国企业生命周期。

为了充分理解中小企业组织发展路径的不同阶段，以实现组织的成熟度能力模型，将两个概念整合为一个是至关重要的，见图 144（a）、图 144（b）和图 144（c）。图 144（a）描述了组织发展的 3 个阶段——从初创期到成长期、成熟期。在每个发展阶段，中小企业都会面临机遇或危机。显然，如果中小企业能够化危机为机遇，就能进入下一个发展阶段。

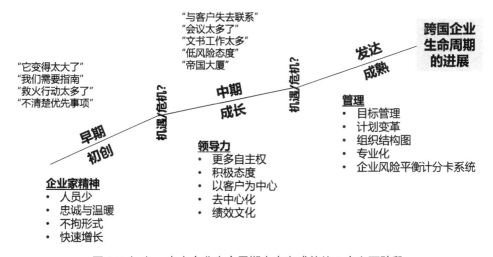

图 144（a） 中小企业生命周期中走向成熟的 3 个主要阶段

图 144（b）举例说明了一家在两次危机中幸存下来的中小企业如何进入成熟阶段，有些企业需要十年，有些则可能需要更长的时间。这取决于中小企业所在国家的竞争力、吸引竞争对手进入类似产业或生产类似产品的行业吸引力，以及适应商业环境不断变化的企业创新能力。在组织发展的每个阶段，对管理、领导

力和企业家精神的需求都是不一样的。因此，能够生存下来并化危机为机遇的中小企业，是那些在整个生命周期中实施有计划地变革的企业。作者引入了以下术语：初创期的"灵活应变和计划变革"；成长期的"合理化和标准化、绩效审计"；进入中小企业生命周期成熟期的"执行能力"。

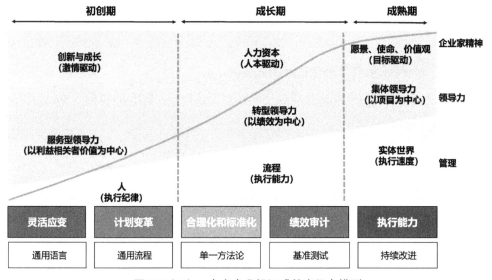

图 144（b） 中小企业组织成熟度能力模型

图 144（c）结合了中小企业和跨国企业的生命周期，解释了组织发展的不断变化的需求。应对不断变化的需求对于实现转型变革管理，保持管理能力、领导力的有效性和企业家精神的敏捷性至关重要。

当中小企业因进入新市场/发展而转型为跨国企业时，必须考虑"第三种文化"。通过发展和培养新员工，使其与母公司的价值观、使命和愿景保持一致，从而调整和强化组织文化。从中小企业到跨国企业，要保持竞争优势和可持续发展。范式转变的第一步是改变员工的思考方式，保持员工的参与度。从中小企业向跨国企业转变，需要发展不同的思维技能[68]。

中小企业　　　　　　　　　　　　　　跨国企业

初创	成长	成熟	系统化	成长	优化
专注思维 JIT思维	积极思维	再聚焦	视觉思维	横向思维	想象思维
整体 思维	系统 思维	批判性 思维	批判性 思维	横向 思维	全方位整合式 思维

企业家精神　　　　领导力　　　　管理　　　　第三种文化　　　　企业家精神　　　　领导力　　　　管理

图 144（c）　中小企业向跨国企业生命周期的转型变革管理

- 提高效率的专注思维：做正确的事。

- 提高效率的 JIT 思维：正确地做事。

- 持续改进的积极思维：把事情做得更好。

- 价值创新的再聚焦思维：剔除不需要做的事。

- 适应性的视觉思维：做别人正在做的事。

- 从不同角度解决问题的横向思维：做未曾做过的事。

- 突破性想象思维：做不可能做到的事。

图 145 抓住了我们思考方式渐进变化所需的 7 种思维技能的本质。可以肯定的是，图 146 统一了 3 种思维技能，这 3 种思维技能对于采用整体解决方案来成功实现转型变革管理至关重要。人们不会改变他们的工作方式，除非他们改变了思考方式。

图 147 详细介绍了思维技能的 7 种转变，每种转变都会导致不同程度的行为改变。因此，人们必须有决心（变革的核心）和意志力（变革的思想），才能通过系统思维提高生产力/改进工作（做正确的事），这需要≤10%的思维习惯转变。

通过批判性思维解决复杂问题（减少浪费和引进最佳实践），创造和产生创新解决方案（与众不同和挑战不可能，从而实现突破），这需要≤30%的思维习惯转变。通过整体思维和横向思维不断改进工作，从而击败竞争对手，这需要＞30%的思维习惯转变。

初创：中小企业专注思维 做正确的事	・设定优先事项 ・专注	・先做重要的事 ・提高效率
初创：中小企业JIT思维 正确地做事	・遵循程序 ・了解标准	・收拾残局 ・提高效率
成长：中小企业积极思维 把事情做得更好	・想想自己在做什么 ・寻找改进方法	・听取建议 ・帮助、辅导和指导他人
成熟：中小企业再聚焦思维 剔除不需要做的事	・问5个"为什么" ・使用80/20原则	・停止做不重要的事情 ・不断再聚焦
系统化：跨国企业视觉思维 做别人正在做的事	・多注意和观察 ・了解最佳实践	・做之前先思考或做计划 ・复制
成长：跨国企业横向思维 做未曾做过的事	・思考 ・问"为什么不呢"	・结合新技术 ・关注不同而非相似
优化：跨国企业想象思维 做不可能做到的事	・问题假设 ・散焦：有点疯狂 ・打破常规	・今天没有什么是不可能的，但是…… ・如果……那不是很神奇吗 ・哪里有纯粹的魔法

图145 思考方式渐进变化所需的7种思维技能的本质

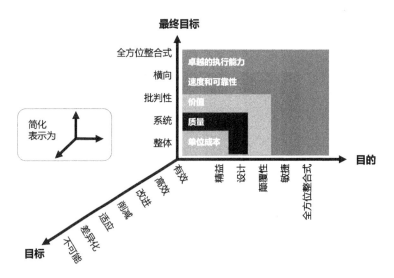

图146 3种思维技能的目的、目标和最终目标

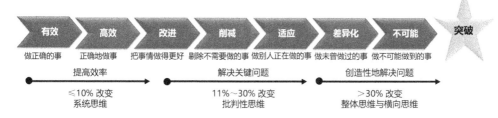

图 147　思维技能的 7 种转变

创新战略的执行者首先要从组织发展入手，通过 7 个层次的思维技能，改变和转换每个人的思考方式，提高人们更好、更快和更智能地思考的能力。行为改变超过 30% 的人将得到进一步发展，以适应跨国界和多文化的任务。那些行为改变低于 30% 的人将在一段时间内，通过©PBAAL 以及辅导和指导得到发展和培养。那些行为改变低于 10% 的人将通过咨询获得第二次机会。

图 148 强调了发展和培养管理者、领导者和企业家（所有者）/内部创业者（企业员工）的重要性，以将其转化为人力资本。管理者分为称职的管理者（综合生产力变化＜10%）、熟练的领导者（综合生产力变化＜30%）和全脑企业家（组织绩效变化＞30%）。酸性测试是为了确定和评估计划变革的最终结果，由此产生的效益必须大于人才管理和人力资本开发的成本。

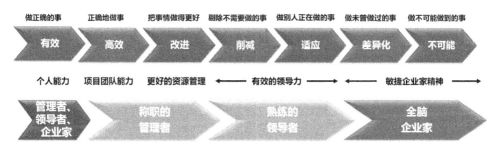

图 148　称职的管理者、熟练的领导者、全脑企业家的发展通道

图 149 是一个盘点员工最终人数的例子，这些员工被归类为无法改变的"枯木"、观望者和成就者。尽管存在"第三种文化"，但成功的组织发展是成功实施

了计划中的变革，并在执行过程中取得了卓越成效，从而形成了一种高绩效文化，每个人都在践行"观察—思考—计划—实施—研究—行动"循环，以实现持续改进。泰勒[69]也倡导类似的理念，即在各个层面利用制胜环节来定义、调整和执行战略。

- 定义制胜之道（清晰、具体、相关和交付）。

- 制定战略（关键绩效行动和指标）。

- 与战略对齐［战略（计划）+执行（人、流程、实体世界）=结果］。

- 培养主人翁精神（责任、信任和员工参与）。

- 执行战略（改变我们的思考、工作、行为和表现方式）。

- 创建持续改进的文化（观察—思考—计划—实施—研究—行动循环）。

- 治理［"责备系统（验证系统→挑战系统→信任系统→复制系统），而不是责备人"］。

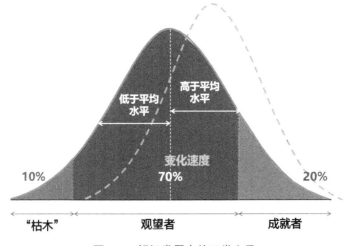

图 149　组织发展中的三类人员

组织发展旨在通过计划变革实现卓越执行

表 16 概括了实现有效变革的转型变革管理 6As 的本质，[70,71]。布里奇斯[72]的著作生动地描绘了舒适区阻碍变革的情况，这一点至关重要。

表 16　实现有效变革的转型变革管理 6As 的本质

流程	转型	目的	战略	目标
认知	我们知道	明确	• 为什么需要变革 • 为什么现在需要变革	• 树立紧迫感
对齐	我们理解	说服并确认	• 还有谁需要参与 • 当我们完成后会是什么样子的	• 组成联盟 • 创建愿景 • 沟通愿景
行动	我们可以	控制	• 谁是负责人 • 如何将其制度化	• 授权他人采取行动 • 鼓励快速获胜
实施	我们想要	承诺	• 如何衡量	• 结合更好的方法 • 学习新方法
巩固	我们擅长	能力	• 怎样才能让它持久	• 为业务成果做出贡献

（表中纵向文字：预测｜沟通以建立联系）

每个转型阶段都会因为在舒适区的拖延而变得缓慢（见图 150）。要从中小企业转型为跨国企业，每个组织都必须经历"结束—舒适区—新的开始"三个转型变革管理阶段。要想达到跨国企业的成熟能力，企业必须加快步伐，重复 3 次转型变革（见图 146）。图 151 提供了一个动态视角，说明 3 种不同的思维技能是如何相辅相成，实现快速变革的。

图 151 显示了理解和重视使跨国企业员工思考、工作、行为和表现的方式合理化和规范化的必要性，以支持珀尔马特（Perlmutter）[73]的本国中心主义（Ethnocentrism）、多中心主义（Polycentrism）、区域中心主义（Regiocentrism）和全球中心主义（Geocentrism）模型的概念。

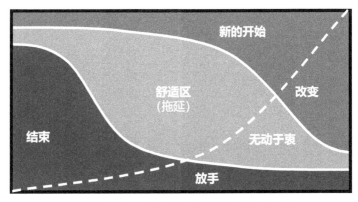

图 150　转型变革管理的舒适区影响变革速度

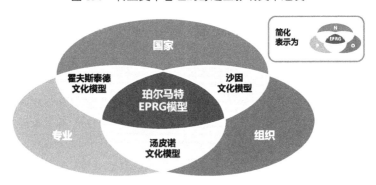

图 151　珀尔马特模型

- 本国中心主义——公司将本国的价值观应用于新办事处。

- 多中心主义——公司开始欣赏东道国的价值观和工作方式。

- 区域中心主义——公司意识到，即使是区办事处也需要采用量身定制的工作方式。

- 全球中心主义——根据团队成员的技能和经验进行选择，而不论其国籍或所在地。

由谁来实施创新战略，并将其转化为项目集和项目的组合，以实现卓越的实施效果，这涉及人文因素，是一个复杂的利益相关者关系网。此外，利益相关者之间的相对价值/利益必须是双赢的，这样才能加快变革速度、保持发展势头和实现业务增值。图 152 说明了增长的复杂性和预期变化百分比。可以肯定的是，在整个转型变革管理过程中，6As 流程接受风险、确认风险、参与风险、鼓励风险、促成风险和预测风险。显然，在每个转型阶段，都必须关注舒适区，以尽量减少拖延的风险，否则，一旦变革的势头受到影响，对变革的抵制就会演变成一项艰巨的任务。

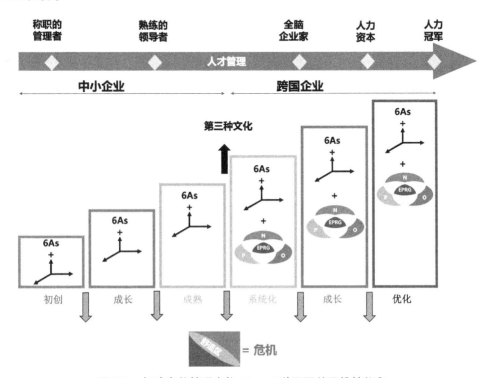

图 152　加速变革管理者将 6As、3 种不同的思维技能和
"第三种文化"统一起来，实现成功的快速转型

　　要实现合理化和标准化，首先要做的就是让每个人都学会并掌握 3 种思维技能（重温图 146）。这样，他们的整合、实施、创新和改进能力就会形成合力，从而迅速提高变革的速度，并使之持久。

洞　　察

第四章涉及创新战略实施的人文因素。要在高绩效组织中赢得员工的心，就必须有"深层目的"[74]。现实是要影响人们的思考方式，就要让他们决定在自己的优势范围内做什么最合适，从而为组织能力做出贡献。高绩效文化即更快、更好、更智能。

- 更快：思维的速度和可靠性。

- 更好：思维技能的质量。

- 更智能：运用思维能力实现精益、设计、颠覆性、敏捷、全脑/完整解决方案。

请看下面的逻辑流程。

全方位整合式思维包括整体思维、系统思维、批判性思维和横向思维，它取决于 7 个层次的思维技能——专注、JIT、积极、反思性、视觉、想象和突破性。

掌握 3 种不同类型的思维技能是人才管理的深层目的。目的是将人力资源转化为人力资本，并最终成为人力冠军（企业奥林匹克运动员）。

实施全方位整合式思维，以更好地管理人、流程和实体世界。

逻辑顺序：整体思维➔系统思维➔批判性思维➔横向思维。

- 通过整体思维整合跨国企业的 3 种文化特征，包括民族文化、专业文化和企业文化。然而，"第三种文化"是以 EPRG 模型的母公司政策为核心的，即"母公司的文化"。

— 本国中心主义（Ethnocentric）：母国工作人员是管理其全球办事处的最佳人选。

— 多中心主义（Polytechnic）：培养东道国工作人员管理其海外办事处。

— 区域中心主义（Regiocentric）：从本区域挑选最优秀的人员管理区域办事处。

— 全球中心主义（Geocentric）：不分国籍、种族、性别或宗教，挑选最优秀的人员管理总部办事处。

关于不同学者[66,67,75]对文化如何影响组织绩效的不同观点，请参见图153。由于组织为何不学习这一动态现象[76]的复杂性，关于"第三种文化"的研究相对较少。

- 害怕失败。

- 固定思维模式。

- 过度依赖过去的表现。

- 归因偏差。

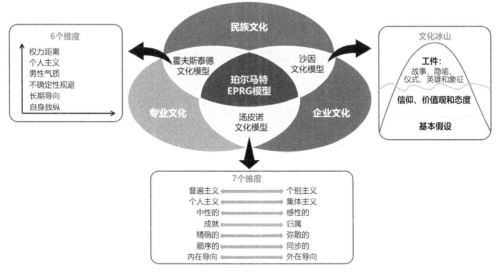

图 153　由塑造"第三种文化"的关键要素组成的整体思维

- 通过系统思维来理解和认识跨国企业管理的复杂性，这比管理中小企业提出了更多要求。跨国企业的成功取决于实施过程中的人文因素。图 154（a）和图 154（b）用于跨国企业管理。

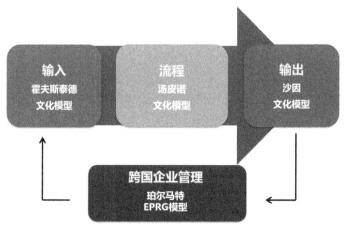

图 154（a） 跨国企业管理系统图

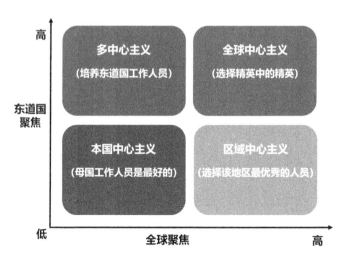

图 154（b） EPRG 模型[73]

• 通过批判性思维来决定谁能获得关键绩效指标和奖励，建议权重（％）如图 155 所示。

关键绩效指标*	管理层		
(%仅供参考)	高级	中级	初级
人才管理和组织发展促进增长 （有计划的变革）	30%	15%	10%
执行能力方面的领导力	20%	25%	30%
管理战略风险和连贯的战略	25%	25%	20%
实施高效、可持续和转型的项目	20%	25%	20%
团队合作	5%	10%	20%

（金字塔：战略／业务／运营）

图 155　不同管理层共享相同的关键绩效指标，但权重不同

- 通过横向思维，就如何衡量、分类和评估称职的管理者、熟练的领导者、全脑企业家、人力资本和人力冠军的数量达成共识。最重要的不是我们的想法，而是人才管理和组织发展，以及留住、利用和激励人才的艰巨努力/挑战，请参见图156。

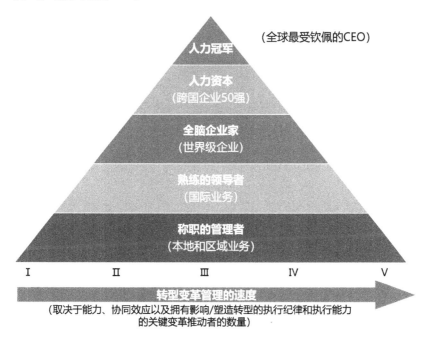

图 156　基于横向思维看转型变革管理的速度

第五章 巩　固

　　组织何时能够实现卓越的执行能力，从而实现最佳成本、最佳性能、最佳体验和最佳性价比？

引　言

第五章论述了组织执行能力的成熟度生命周期及企业平衡计分卡，用以衡量创新战略实施中人的方面的不同阶段。它包括以最小风险交付业务价值的个人能力、项目团队能力和组织绩效文化。有必要重新审视图 12，了解 21 世纪 20 年代以后范式转变的 5 种思维技能组合，以确定将 5 个制胜目标联系起来的共同主线，与关键成功因素产生共鸣。

以下部分将讨论 5 个关键成功因素的共享/共同原则、指南和承诺，以更好地利用、优化和强化人、流程和实体世界。这对于推动 4 个连贯战略至关重要。使用通用语言在非常规的更高业务价值的工作中执行连贯的战略，这就是项目管理，它可以使竞争变得无关紧要。

作者同意已故管理大师德鲁克所说："如果你无法衡量它，你就无法管理它。"本章详细介绍了相互关联的主要绩效指标，通过具有卓越执行能力的项目来衡量 4 个连贯战略的成功实施，以实现最佳成本、最佳性能、最佳体验、最佳性价比或其他重要特征。图 157 是 5 个常见的关键绩效指标、5 个制胜目标和 5 个关键成功因素的共同主线。

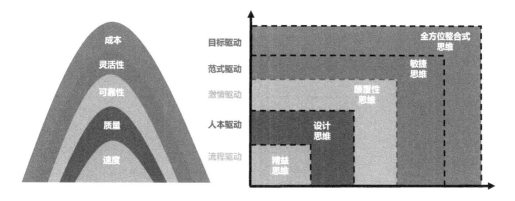

图 157 5 个常见的关键绩效指标、5 个制胜目标和 5 个关键成功因素的共同主线

5 个制胜目标（高效、有效、有效和高效、赋能、卓越）与共同且不可分割的关键绩效指标（速度、质量、可靠性、灵活性和成本）有着千丝万缕的联系。这些关键绩效指标是不断变化的目标，并且本质上是动态的。这与质量和精益思维没有直接关系；然而，精益思维是流程驱动的，不能忽视或妥协于质量。将所有 5 个关键绩效指标作为一个整体来进行竞争对手之间的比较或进行基准测试是务实且密切相关的。VUCA 商业环境对 5 个制胜目标及其关键绩效指标有很大影响。关键绩效指标及其目标不断变化，以应对残酷的竞争，并与创新战略产生共鸣。如果通过项目成功实施，则将有 5 个关键成功因素——管理、领导力、企业家精神、创新者精神和战略企业家精神。

当今的竞争不仅是变革性的，而且是数字化的、全球性的，并且每个人都可以随时随地地参与（如果监管机构不干预的话）。技术使每个组织都处于同一起点，这需要范式转变来改变我们思考、工作、行为和表现的方式，以实现卓越执行。这始于精益思维。为了实现最大的优势/增强的效益并以最小的风险获得最大的业务增值，必须逐步进行转型，以获得可持续和持久的效益。表 17 统一了不同的思维技能、特征、制胜目标、度量和关键成功因素。

表17　5种思维技能的特征、制胜目标、度量及关键成功因素

思维技能	特征	制胜目标	度量	关键成功因素
全方位整合式	目标驱动	卓越	最低单位成本：在完整的业务价值供应链中5Ms的综合生产力提高（正确的聚焦）	战略企业家精神（最高战略执行）
敏捷	范式驱动	赋能	灵活性：最小业务增量或最小可行产品（正确的合作伙伴）	创新者精神（价值创新）
颠覆性	激情驱动	有效和高效	可靠性：正确地做正确的事（正确的项目）	企业家精神（客户解决方案）
设计	人本驱动	有效	质量：正确地做事（正确的连接）	领导力（产品领先）
精益	流程驱动	高效	速度：做正确的事（正确的态度）	管理（卓越运营）

为了实现更好的管理、领导力、企业家精神、创新者精神和战略企业家精神，5个制胜目标、5个关键绩效指标和组织发展的5个关键成功因素有一个共同的主线，即©PBAAL的速度≥商业环境变化的速度。所有学到的经验教训都是通过将隐性知识转化为显性知识而获得的。这些知识被分为三类：

- 必须知道。（何事？）

- 应该知道。（何因以及如何做？）

- 需要知道。（何人、何时、何地？何价？）

作为行动学习组织，要实现高绩效文化，每个人都必须学习。最终的竞争优势是通过项目提升个人、团队、组织持续整合、实施、创新、改进的能力。这些项目的范围从轻量级（跨职能的）到中量级（多元文化的）和重量级（交钥匙的和复杂的）。

通用语言是项目管理，通过©PBAAL将吸取的经验教训转化为组织过程资产。这弥合了知与行之间的差距——比商业环境变化的速度更快。图158描绘了所有关键元素的统一模型。

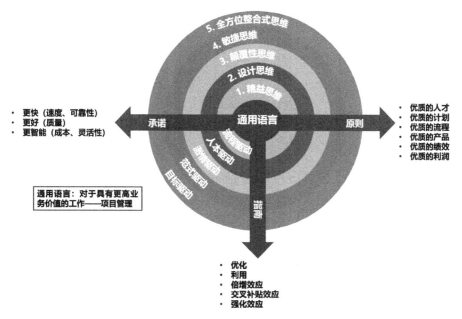

图 158　全方位整合式思维的通用语言、原则、承诺和指南的简洁版本

全方位整合式思维是目标驱动的，通过战略企业家精神实现成本领先

全方位整合式思维将复杂的想法和模型提炼成简单实用的想法和模型。因此，全方位整合式思维战略是将复杂的模型和复杂的问题转化为简单而完整的务实解决方案的过程。此外，为了保持密切联系和竞争力，必须为引导组织从优秀走向卓越提供坚实的基础。第一步也是至关重要的一步是确定一种通用语言，优先考虑以最低的风险达到最大的业务增值。最终，组织中的每个人都可以熟练地沟通并协同工作，以追求卓越执行。每当需要完成变更时，项目管理是非常规工作的通用语言。这是与©PBAAL一起实现执行纪律（人）、执行能力（流程）和执行速度（实体世界）的共同主线。通过项目实施战略是战略企业家精神的核心。

接下来是确定和选择共同的原则、指南和承诺，使所有人保持一致，并引导组织走向商业的"北极星"。

- 共同原则：优质的人才、优质的计划、优质的流程、优质的产品和优质的绩效，总体结果就是优质的利润。

- 共同指南：优化和利用资源（资金、人力、机器、原材料和方法），通过倍增效应、交叉补贴效应和强化效应，实现每单位产品/服务的最佳成本。

- 共同承诺：所有组织的共同目标是更快（速度、可靠性）、更好（质量）和更智能（成本、灵活性）。这5个关键绩效指标被用作行业基准，进行同类比较，确定需要在哪些方面进行改进，以保持竞争力并实现可持续发展。

7个紧密相连、不可分割的要素

表18概述了范式转变的7个要素，以改变我们思考、工作、行为和表现的方式。

表18　范式转变的7个要素

5个 制胜目标	5个 思维层次	5个关键 成功因素	5个 思维技能	5个原因	5个能力成 熟度阶段	5个 能力层次
高效	专注思维	管理	精益	流程	初始	整体 （整合）
有效	JIT 思维	领导力	设计	人本	计划	系统 （实施）
有效和 高效	积极思维和 反思性思维	企业家精神	颠覆性	激情	管理	批判性 （创新）
赋能	视觉思维和 想象思维	创新者精神	敏捷	范式	整合	横向 （改进）
卓越	突破性思维	战略企业家 精神	全方位整合式	目标	优化	完成 （发明/改进）

全方位整合式思维和管理是一种目标驱动的统一方法，使用4种思维技能（整体思维、系统思维、批判性思维和横向思维）来解决复杂问题，从而得出完整的解决方案。

——陈劲，陈家赐

选择这种目标驱动的战略是为了实现凝聚力。例如，卓越运营被选为3个管理层（战略、业务和运营）共享的战略。作为一项连贯战略，卓越运营的首要目标是集中精力实现最佳成本。因此，组织中的每个人都必须想办法实现最佳成本，即质量和成本的优化。这与以牺牲质量为代价的最低成本不同。例如，廉价航空公司的首要任务与高级航空公司相同，都是安全高于一切。不同之处在于，廉价航空公司必须减少或消除非必需品。因此，每个产品或服务的单位成本是所有组织利润的最终衡量标准。

为了保持与时俱进和持久的竞争优势，每个人都必须改变他们的思考方式。首先，他们需要获得完整的解决方案。一旦当前的管理系统处于最佳状态，就应该考虑利用人工智能和数字化实现自动化，以提高执行速度。要从"旧的工作方式转变为新的工作方式"，需要领导层影响团队或项目团队接受新技术并为综合生产力设定更高的关键绩效指标。为了发展组织，必须增加销售收入、寻找新市场和开发新产品。需要有企业家精神、承担风险的意愿、热情和能量来激发成功所需的激情。即使遭遇失败，也永不放弃。需要保持韧性，并以坚定的毅力和决心在逆境中继续前行。

因此，全方位整合式思维与管理是一个统一的概念，它让我们意识到，除非我们改变思考方式，否则任何事情都无法改进。管理、领导力和企业家精神是密不可分的，必须相互交织才能发挥最大的影响力，同时要遵循正确的原则、指南和承诺。

然而，组织必须通过正确的流程发展和培养正确的人才来实施正确的战略，并为这些人提供正确的实体世界，以达到完全成熟，实现卓越执行。一个实现突破性思维的组织能够在 5 个发展阶段——从初始到计划、管理、整合和优化——结束时获得卓越的执行能力。

与此同时，人的方面将从人力资源发展为人力资本、人力能力，再发展为人力冠军/企业奥林匹克运动员[6]。战略企业家精神的保证是通过项目实施目标驱动的连贯战略，利用全方位整合式思维和管理实现卓越的执行能力。

图 159 对图 158 进行了详细阐述，揭示了以全方位整合式思维追求最高执行能力的 5 个能力层次的统一模型。项目管理被用作非常规工作的通用语言。项目的优先顺序基于最大的业务增值和最低的风险。原则、指南和承诺被称为更好的实践。吸取的经验教训被视为组织过程资产，©PBAAL 将由高级管理层进行评估，以便进行复盘和持续改进。在适当的时候，可以申请专利保护。

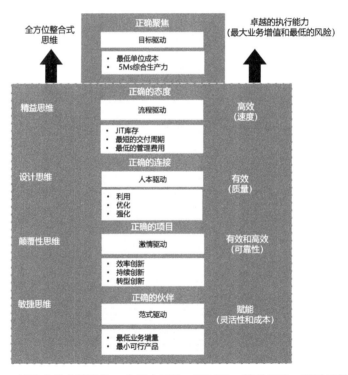

图 159　战略企业家精神的 5 个能力层次，通过统一精益思维、设计思维、颠覆性思维、敏捷思维和全方位整合式思维来实现卓越的执行能力

对于东西方企业管理哲学在战略目标上的重大差异，许多学者也得出了类似的结论。西方企业注重短期盈利能力，而东方企业则注重行业主导地位或更大市场份额的长期目标[72]。短期、中期或长期战略必须以收入增长、盈利能力和流动性作为最终目标。企业只有盈利才能继续经营，投资于人、流程和实体世界，才能在竞争激烈、残酷的数字商业世界中发挥重要作用。因此，6Ms（资金、人力、机器、原材料、方法和集成系统管理）的生产力、利润和市场份额是 4 个连贯战略的核心。

企业经营不善通常是人性弱点的结果。无国界的世界对企业的成功或失败有重要影响。利益相关者价值管理的质量对于互利共赢至关重要。这是战略企业家精神的基本立场。

利益相关者是指能够影响项目成败的任何人。因此，战略企业家精神试图明确无形的心理因素，以最小的风险实现最大的业务增值。全方位整合式思维是为了更好地管理人（管理者、领导者和企业家）、流程（管理、领导力和企业家精神）和实体世界（信息通信和云技术、人工智能和物联网），这都涉及人类行动学习方面。

- 第一级：精益思维，流程驱动，通过正确的态度实现 JIT 库存、最短的交付周期和最低的管理费用。绩效目标是速度。卓越运营是关键。

- 第二级：设计思维，人本驱动，通过正确的连接实现资源的利用、优化和强化。绩效目标是质量。产品领先是关键。

- 第三级：颠覆性思维，激情驱动，通过正确的项目进行创业，实现效率创新、持续创新和转型创新。绩效目标是可靠性（交付承诺的可靠性）。最佳客户体验是关键。

- 第四级：敏捷思维，范式驱动，通过与正确的伙伴协作实现项目团队的赋能，获得最小业务增量和最小可行产品。绩效目标是灵活性和成本。价值创新是关键。

- 第五级：全方位整合式思维，目标驱动，通过正确聚焦实现卓越的执行能力，以及最低的单位成本和 5Ms 的最高生产力。绩效目标是最大的业务增值和最低的风险。最高战略的实施是关键。

达到执行能力成熟度 5 级的世界级组织

作者将世界级组织定义为"任何被公认为代表顶级组织的组织，即行业中排名前 10 位和受到利益相关者（内部和外部，包括竞争对手）尊重的组织"。例如，在汽车行业，2022 年排名前 10 位的世界级组织是：

- 大众汽车

- 丰田汽车

- Stellantis（原克莱斯勒）

- 福特汽车

- 奔驰汽车

- 通用汽车

- 宝马汽车

- 上汽集团

- 中国一汽

- 现代汽车

尽管该名单每年都会发生变化，但世界级组织将保持强大的韧性。就像奥运会比赛一样，只要运动员能够进入四分之一决赛，那么该运动员就被认为是世界级运动员。那些没有获得参加奥运会比赛资格的运动员都低于世界水平。图 160 展示了世界级组织的"零缺陷的世界级制造"和"零投诉的世界级营销"的理念。

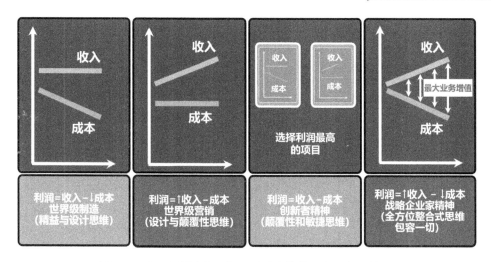

图 160　世界级制造的目标是总成本优势，世界级营销的
目标是总收入优势（合起来就是总利润率优势）

　　世界级制造旨在通过将精益思维应用于即时看板来降低生产成本，并尽可能减少资金在入库进货和出货成品中的占用。这种正确的态度必须根植于每个员工的内心。每个员工都应该拥有精益思维，将追求成本意识和成本节约作为一种组织文化。这需要价值流，持续减少 9 种浪费，永久实践丰田的 14 条原则，加上 3M（Muri、Muda、Mura）的精益理念，产生持久的效益。只有这样，员工才会秉承正确的态度、价值观和信念。只有这样，员工才能养成价值观驱动行为、行为驱动结果的习惯。因此，更高的利润率和收益是完全同步的。精益是流程驱动的，精益思维有五大原则、四大指南、四大承诺和八大要素。

　　世界级制造需要与高质量产品领先的设计思维相统一，以实现资源的利用、优化和强化。设计思维对于提高 5Ms 的综合生产力至关重要。正确的连接必须嵌入设计思维，以弥合 4 个绩效差距，即战略差距、执行差距、增长差距和学习差距，以提高效率，维持和改进创新项目。拥有正确的合作伙伴，世界级组织可以将那些可以由承包商提供的工作外包出去，质量相同，但成本较低，主要目标是实现最低的管理费用。

设计思维基于五大原则、六大指南和四大承诺。图 161 显示了将设计思维作为世界级制造的两个主要组成部分之一的必要性。

		整体思维	系统思维	批判性思维	横向思维
精益思维	正确的态度	流程驱动，基于精益思维屋的五大原则、四大指南、四大承诺和八大要素	高效（速度）缩短交付周期，实现卓越执行	成本意识：价值流流动、库存资金占用最低、JIT库存（看板）、最低管理费用	精益思维，我们的工作方式：每个人都有责任进行浪费管理以提高效率，维持和改进创新项目
设计思维	正确的连接	人本驱动，基于设计思维的五大原则、六大指南和四大承诺	有效（质量）全面质量管理，以实现产品领先	领导力管理：资源的利用、优化、强化，5Ms最高生产力	设计思维可弥合所有创新项目的4个差距：战略差距、执行差距、增长差距和学习差距，以获得成本和速度优势

图 161　精益思维和设计思维的统一，以实现世界级制造

图 162 描述了设计思维的本质，它能够实现成本优势，从而实现世界级制造，即在质量优势下实现最低成本。I-P-O-C（输入—流程—输出—控制）系统图帮助我们直观地了解对输入资源（资金、人力、机器、原材料，以及实现最短交货期和制造周期的方法）进行质量和成本控制的重要性。"垃圾输入导致垃圾输出"的基本原理是有效的。否则，转型过程将导致不可避免的缺陷（这会产生额外的成本）和不合格品（最终将成为废料）。

以标准化为目标的规模经济将实现最高的产量和最大的成本优势。大规模定制的范围经济将满足更广泛的客户需求。集成不同国家生产的零件的综合经济性将使组织获得成本、质量、速度、可靠性和灵活性的优势。这保证了对增值（数量、种类、可变性和变化）和布局（流水线、批量生产、成组技术、作业车间或固定岗位）进行评估，以确保最佳的生产成本。因此，精益思维和设计思维必须统一起来，以获得更好的创新解决方案，实现持续改进和价值流——最佳生产成本、5Ms 的最高生产力，以及速度优势。对业务价值供应链的监督和控制对于获得生产时间、信任、培训、可测试性、可追溯性和透明度至关重要（见图 162 ）。

图 162 强调了世界级制造的设计思维的本质，以在追求世界级制造的过程中实现零缺陷。

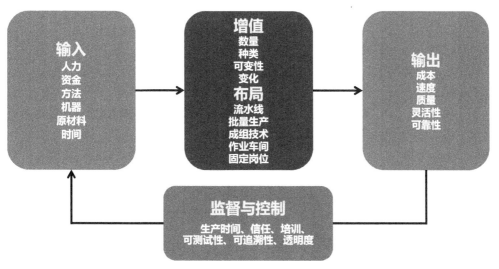

图 162　统一精益思维和设计思维，实现世界级制造的速度优势

所选择的技术可以是按订单设计、按订单制造、按订单组装和按库存生产，具体取决于工厂布局和运营，如图 163 所示。这将触发库存控制系统类型（MRPI、MRPII、ERP、DRP、看板、JIT），以实现库存占用资金最低。可以部署整个业务供应链管理系统，进行有效的监督和控制。因此，消除浪费以获得最佳质量成本的精益思维必须与实现卓越制造的设计思维相结合。

世界级营销旨在实现品牌领先地位，从而提高销售收入和盈利能力，因为利益相关者愿意以更高的价格购买相同的产品，并且由于所提供的产品无可挑剔而实现零投诉。图164揭示了精益思维作为执行速度、执行纪律和执行能力基础的重要性。这一基础是建立在永恒的成本意识之上的。这需要每个组织都将持续的浪费管理融入工作方式中，并成为创建可持续发展的世界级组织文化的根基。

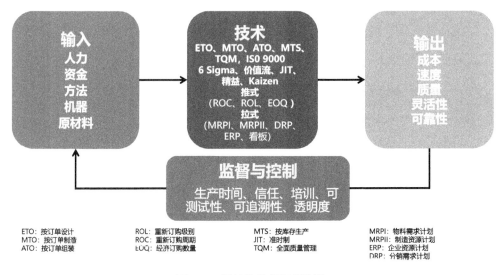

图 163　零缺陷的世界级制造

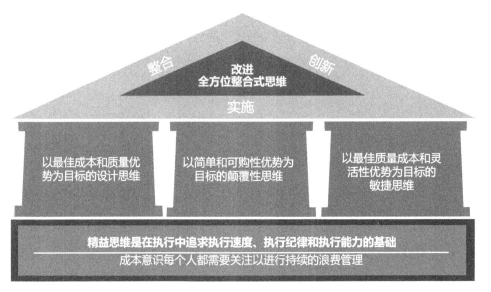

图 164　统一精益思维、设计思维、颠覆性思维和敏捷思维的全方位整合式思维屋

设计思维必须与世界级营销的颠覆性思维相结合，并且必须以客户为中心，以获得最大的影响力。

- 设计思维实践过程遵循以下顺序：

— 共情（了解客户/用户的需求）。

—— 定义（明确定义项目/业务目标）。

—— 构思（探索想法和解决方案）。

—— 原型（构建和可视化想法与解决方案）。

—— 测试（审查并决定）。

闭环设计思维过程所缺失的环节是对市场需求风险的预测。我们必须制定风险策略和快速实施的应对计划。图 165 指出了设计思维 5 个步骤中缺失的环节。图 166 详细阐述了风险预测流程的目的。不断变化的客户需求可能会造成市场需求的差距。这种差距必须与新产品开发同步。例如，诺基亚未能满足由 iPhone 催生的新市场需求，而这一新市场需求摧毁了对传统手机的需求，包括部分智能手机——黑莓。

图 165　闭环设计思维过程中缺失的环节是对市场需求风险的预测

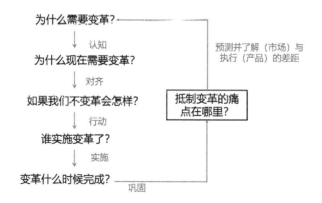

图 166　设计思维中的风险预测结合了转型变革管理的 6As

图 167 描述了世界级营销的设计思维 6As。

- 适当性（Appropriateness）：识别客户价值（项目范围）。

- 认知（Awareness）：向客户传达价值（项目成本）。

- 可接受性（Acceptability）：让客户了解价值（执行能力）。

- 可购性（Affordability）：激励客户购买价值（最小风险）。

- 可用性（Availability）：在一天中的任何时间为客户提供价值（按成本、进度、范围和质量/规格/功能）。

- 预测（Anticipation）：与可靠性（平均故障间隔时间）、服务质量、竞争对手分析相关的风险，通过颠覆性思维的效率创新保持领先，维持和改进项目，以获得简单且负担得起的产品/服务，即为客户提供满足其需求的整体解决方案，超越客户期望。

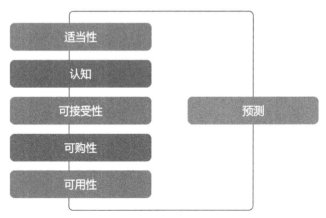

图 167　世界级营销的设计思维 6As 与颠覆性思维相结合，以获得最大影响力

思维必须是一个整体，而不应孤立运作。将设计思维、精益思维和颠覆性思维统一起来将产生巨大的影响力。克里斯滕森（Christensen）[56]生动地阐述了颠覆性思维的目的，即"将复杂而昂贵的产品/服务转变为简单且负担得起的产品/服务"，这与钱·金（Kim Chan）和莫博涅[22]关于价值创新的蓝海战略概念不谋

而合。通过考虑 4 种关键战略——消除、减少、创造、提高，降低成本，增加价值，参见图 168。

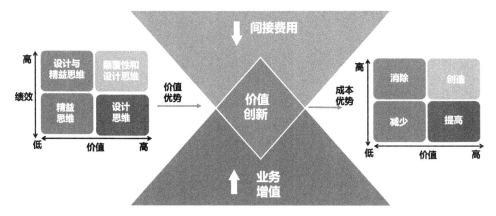

图 168　蓝海战略与颠覆性思维、设计思维和精益思维的价值创新相一致

当敏捷思维与颠覆性思维统一时，首要目标是利用反向创新概念获得最高利润率[78]。为新兴市场进行创新，而不仅仅是出口，可以为跨国企业带来无限商机。例如，通用电气医疗保健公司在印度设计并制造了一款便携式心电图机，以低廉的价格服务于当地市场。后来，通用电气公司发现，这些潜在需求代表了当地卫生部门接触并了解偏远/郊区病人的高需求。其他产品也有许多类似的潜在需求，由于灵活、多样、适应当地商业环境的敏捷思维与价值创新的颠覆性思维的统一，反向创新带来了更高的利润率。

全方位整合式思维是整体思维、系统思维、批判性思维和横向思维的统一"伞"。伞状结构的每个框架可分为精益思维、设计思维、颠覆性思维和敏捷思维。如图 169 所示，"一把伞在完全打开时效果最佳"。从整体来看，世界级组织致力于世界级制造和世界级营销，擅长以市场为导向、以客户为导向、以流程为导向，追求价值创新的产品/服务。

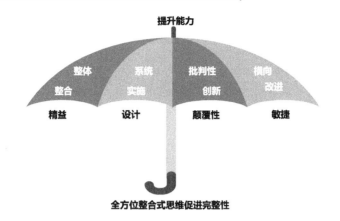

图 169   开放思考以获得最大影响力的全方位整合式思维伞

图 170 显示了经作者改编后的麻省理工学院的"真实—取胜—值得"（Real-Win-Worth）方法[79]。图 171 给出了达到世界级制造和世界级营销之前的主要考虑因素。从成本意识的精益文化到质量与每个人息息相关的设计文化，再到利用精益设计提供更快、更好、更智能解决方案的产品/服务的颠覆性文化，然后到满足更广泛客户同时实现更高利润率的敏捷文化，最后到扩大成功规模的全方位整合式思维，最终实现持久的成功并承担重要的企业社会责任。接下来，我们将讨论如何通过组织能力的 5 个阶段走向成熟。项目管理能力成熟度模型（见图 172），改编自克劳福德[62]（Crawford）和科兹纳[63]（Kerzner）。

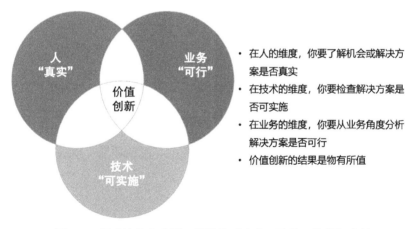

图 170   经改编的麻省理工学院的"真实—取胜—值得"方法

价值创新需要满足以下问题才能实现
"真实—取胜—值得"方法

- 是否可取？
- 机会是真实的吗？
- 我们可以看看市场吗？
- 客户群有多大？
- 是否存在真正未满足的需求？

- 我们能赢吗？
- 我们相信有更好的解决方案吗？
- 我们能做到吗？
- 我们能否获得真正的竞争优势？

- 这个值得做吗？
- 经济上是否可行？
- 这是一个可行的机会吗？

图 171　达到世界级制造和世界级营销之前的主要考虑因素

世界级组织的能力成熟度模型

世界级组织的衡量标准是按范围、进度、成本成功实施的项目（轻量级、中量级和重量级）的数量。创新战略投资通过排列过优先级的项目来实施。组织的卓越执行能力是其最终的竞争优势，这是其追求卓越执行的高绩效文化的结果。因此，选择项目管理能力成熟度模型来衡量世界级组织的卓越执行能力。此外，了解组织的成熟度水平至关重要，因为它可以预测该组织在多大程度上能够适应商业环境的变化。

图 172 总结了项目管理能力成熟度模型的 5 个阶段[62,63]。成熟度意味着随着时间的推移而增长的能力，以便在项目管理中取得可复制的成功。这受到组织结构的影响。结构支持并推动战略（见图 173 ）。

高级管理层往往有雄心勃勃的计划。然而，如果组织结构和人员技能保持不变，个人能力水平就不足以满足复杂和重量级项目的需求，因为这些项目需要多任务处理能力和文化多样性经验。

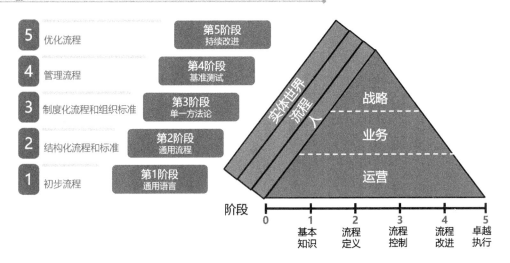

图 172　项目管理能力成熟度模型的 5 个阶段

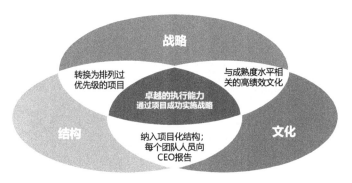

图 173　战略、结构和文化必须协同才能成功实施项目

卓越意味着可持续的成功标准，以及基于项目成果（速度、质量、成本、可靠性和灵活性）的行业最佳标准。项目管理能力成熟度模型的目的是提高组织的能力：实施战略和项目目标，通过成功、一致、可预测和可靠的交付承诺时间表，使其与业务和战略目标保持一致。项目管理能力成熟度模型如图 174 所示。

第一阶段：初步流程

第一步也是最重要的一步，是改变我们的思考方式。随着时间的推移，我们将改变我们的工作方式，培养良好的工作习惯和态度——整个组织的同质行为。在高绩效文化中，我们将共同合作并取得优异成绩，但是说起来容易做起来难。

因此，为实现效率创新而培养精益/专注思维，以及灌输注重浪费管理的成本意识文化，应成为每个人的责任，这一点至关重要。此外，还需要整体思维来培养整合能力，以更好地管理人（执行纪律）、流程（执行能力）和实体世界（执行速度）。第一阶段的能力成熟度的关键目标是以流程驱动速度。

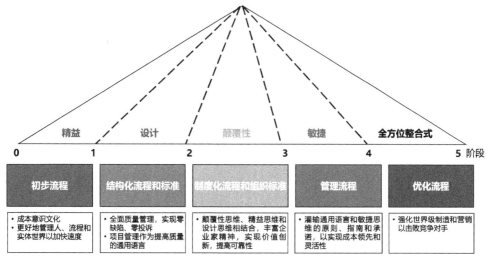

图 174 项目管理能力成熟度模型

第二阶段：结构化流程和标准

全面质量管理作为一种理念，最终成为实现零缺陷（世界级制造）和零投诉（世界级营销）的质量领先文化，这是另一种世界级组织的利益相关者价值观所在。质量是每个人的事。成本意识（专注思维）和全面质量管理文化需要向 JIT 思维进行范式转变，以维持创新，注重设计思维的有效性，做正确的事。系统思维培养了有效监控人（执行纪律——作为流程责任人）和流程（执行能力——影响利益相关者价值的领导力）的能力。第二阶段的能力成熟度的关键目标是通过人本驱动提高产品/服务质量。

第三阶段：制度化流程和组织标准

管理和领导力与企业家精神密不可分。因此，要将高效（管理——正确地做事；流程驱动）、有效（领导力：做正确的事；人本驱动）与企业家精神（正确地做正确的事；激情驱动）统一起来，转变思维范式，以批判性思维推动积极/反思性思维，从而实现价值创新/转型创新。为了产生最大的影响力，三者都应具有颠覆性。设计思维和精益思维必须齐头并进，协同工作，以实现可靠性。第三阶段的能力成熟度的关键目标是以激情驱动，通过简单的设计，又兼具精益和颠覆性（批判性思维的特点），创造出物美价廉的产品/服务。

第四阶段：管理流程

范式的转变是通过改变我们的思考（敏捷）、工作（项目管理）、行为（企业家精神）和表现（更好地管理人、流程和实体世界）方式（领导力）来实现的，这需要从专注思维（精益）到 JIT 思维（设计）、积极思维/反思性思维（颠覆性）、视觉思维/想象思维（敏捷）的第 4 级成熟度转变。与此同时，人们需要整体思维以明确规划，需要系统思维以有效监督和控制，需要批判性思维以有效决策，需要横向思维以赢得利益相关者的支持，从而克服变革阻力。组织发展和培养管理、领导力、企业家精神和创新者精神，以提高整合、实施、创新和改进的能力，这将增强个人的执行能力、团队的卓越执行能力和组织的绩效文化，这就是范式驱动的结果。在第四阶段的能力成熟度中，组织将灌输工作的通用语言（项目管理），以及共同的原则、指南和承诺，以推动业务成果。

第五阶段：优化流程

现在，世界级组织已经具备了全方位整合式思维的成熟能力，并以目标驱动，发展和培养称职的管理者、熟练的领导者和敏捷的企业家（人的方面）。这些流程包括管理、领导力、企业家精神、创新者精神和战略企业家精神。精益的关键绩效指标包括速度、质量、可靠性、成本和灵活性。第五阶段实现了突破性思维，这强化了世界级制造和营销，通过更快（速度和可靠性）、更好（质量）、更智能（成本和灵活性）来击败竞争对手，通过成功实施优先项目（按范围、进度、成本），以最低的风险实现最大的业务增值，从而卓越地执行战略。

总 结

图 175 捕捉了世界级组织从开始阶段到综合阶段达到项目管理能力成熟度第五阶段的关键因素。可以肯定的是，图 176 中©PBAAL 的速度≥商业环境变化的速度，具有正确的规划、正确的决策、正确的控制、正确的结果和正确的分析。

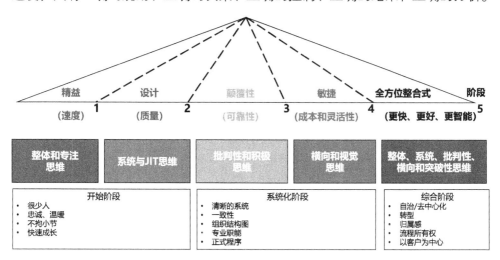

图 175 向世界级组织转型的巩固阶段概述

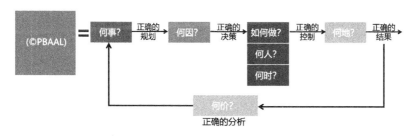

图 176 利用专业力量获得正确的组织过程资产以击败竞争对手

更好地管理人们的思维技能，构建更好的流程，以发展和培养领导力、企业家精神，改善创新者精神和战略企业家精神的协作网络——这些事情都使进步更加明显。图 177 展示了世界级组织的高绩效文化的本质，强调了改变个人（全方位整合式思维）、团队（敏捷思维）和组织（企业奥林匹克运动员）的思考方式的重要性。这可以通过©PBAAL 实现。图 178 和图 179 揭示了精益思维、设计思维、颠覆性思维、敏捷思维和全方位整合式思维的优势和战略关键绩效指标。

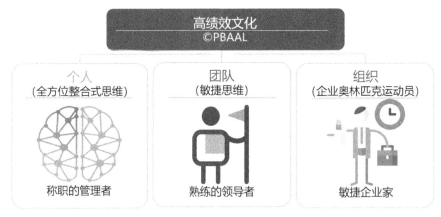

图 177　世界级组织的高绩效文化

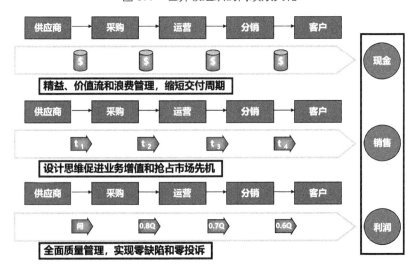

图 178　精益思维、设计思维、颠覆性思维、敏捷思维和全方位整合式思维的优势

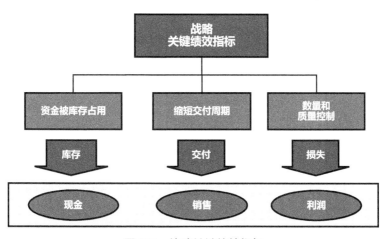

图 179　战略关键绩效指标

总之，考虑到 21 世纪 20 年代的数字化转型和项目驱动型经济，世界级营销已从 1.0 发展到 3.0。表 19 显示了其演变过程。图 180 详细说明了已发生变化的营销组合。

表 19　世界级营销从 1.0 到 3.0 的演变

	营销 1.0 以产品为中心的营销	营销 2.0 以消费者为导向的营销	营销 3.0 价值驱动型营销
目标	销售产品	满足并留住消费者	满足并留住关键消费者
推动力	工业革命	信息技术	数字化转型
企业如何看待市场	有实际需求的大众买家	更聪明的消费者	具有思想、灵魂和精神的完整的人
关键营销理念	产品开发	差异化	企业价值观
企业营销指南	产品规格	企业和产品定位	企业使命、愿景和价值观
价值主张	功能	功能与情感	功能、情感和精神
与消费者互动	一对多交易	一对一关系	多对多协作

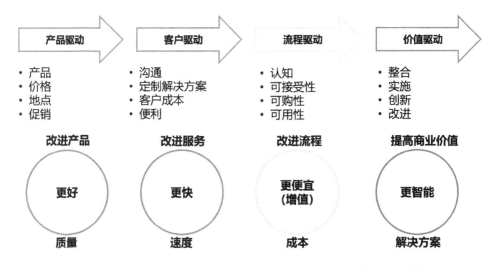

图 180　改善价值驱动型管理以获得更智能的解决方案的世界级营销组合

总之，对于世界级制造而言，产品/服务的单位成本是竞争优势的最终衡量标准。将世界级制造与世界级营销统一起来，就能确保企业在执行能力方面达到最佳成本、最佳绩效、最佳体验和最佳性价比，从而脱颖而出。图 181 概括了全方位整合式思维在项目管理能力成熟度方面的作用，它可以为每个项目节省成本——低绩效组织节省 6%，一般绩效组织节省 16%，世界级组织节省 26%[62]。

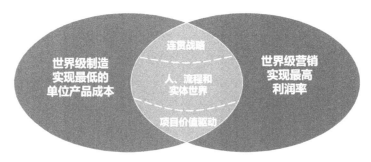

图 181　统一世界级制造与世界级营销，实现总收入优势，从而获得总利润率优势

第六章　预　　测

预测阻碍战略实施的风险所在。

引　言

风险是一个不确定的事件，当它发生时，其影响可能是积极的（机会）或消极的（威胁）。管理企业风险需要全方位整合式方法（整体解决方案）来解决战略、业务和运营风险（内部和外部）。21 世纪 20 年代以后的企业风险管理（Enterprise Risk Management，ERM），需要转变范式，以改变我们思考、工作、行为和表现的方式。

管理战略、业务和运营风险的能力成熟度分为 5 个阶段，请参见图 182。以下详细阐述了 ERM 对于通过由人、流程和实体世界实施的项目来执行战略的重要性。

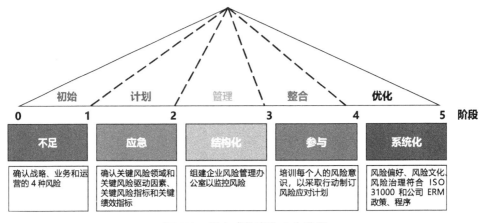

图 182　能力成熟度的 5 个阶段

- **第一阶段　不足**：没有正式的风险管理方法。识别风险至关重要，尤其是对一家初创企业而言。开始时，失败的风险最高，而风险的影响最低（见图183）。有 4 种类型的外部风险，即跨文化风险、财务风险、政治风险和市场风险（见图 184）。图 185 显示了使用风险矩阵进行整体风险映射的本质。

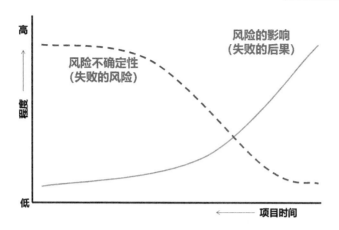

图 183　风险不确定性和风险的影响

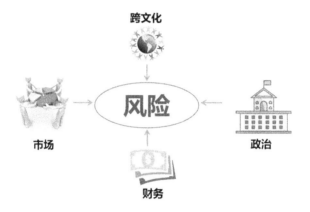

图 184　4 种类型的外部风险

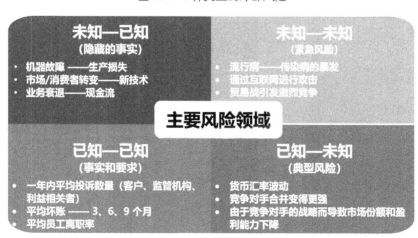

图 185　风险矩阵

- **第二阶段　应急**：ERM 从一个正式阶段开始，识别关键风险领域（见表 20）是什么，包括关键风险驱动因素、关键风险指标和关键绩效指标。这一阶段至关重要。图 186 给出了一个例子。左侧显示了 6 个风险管理流程。风险管理生命周期必须优先实现标准化。下一步是促进风险规划、风险战略和风险应对计划的制订。无论何时何地出现风险，都必须有监督和控制流程来防止危机。如果危机发生，损害控制可以减轻影响。

表 20　企业中关键风险领域的示例

关键风险领域	
战略、业务和运营	财政政策
技术管理	项目组织
组织变革管理	项目管理
沟通	项目复杂性

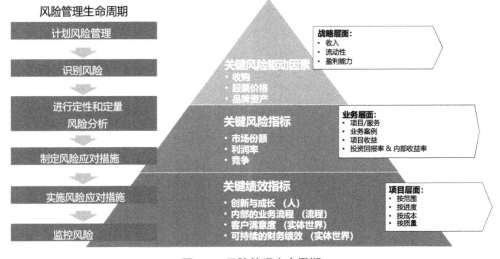

图 186　风险管理生命周期

- **第三阶段　结构化**：组建企业风险管理办公室（Enterprise Risk Management Office，ERMO），以更好地监控风险。ERMO 类似于一个内部审计部门，可以统一通过项目监督企业风险投资战略（国内和国外）的尽职调查[8]（见

图 187）。还有 OSIM，其主要职能、作用和责任是通过项目关注成功的战略。ERMO 还可以对 OSIM 的项目治理进行审计。由于 CEO 直接参与其中，OSIM 还将战略目标与业务和项目目标结合起来。ERMO 有责任评估任何高管的诚信是否存在危险。因此，ERMO 必须进行尽职调查，以实现有效的治理体系。

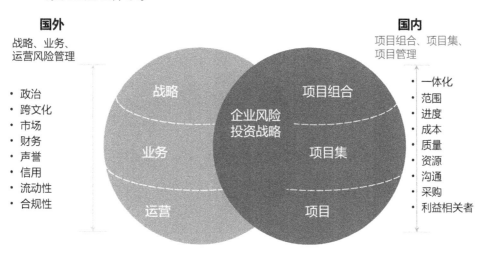

国外
战略、业务、
运营风险管理

· 政治
· 跨文化
· 市场
· 财务
· 声誉
· 信用
· 流动性
· 合规性

战略

企业风险
投资战略

业务

运营

国内
项目组合、项目集、
项目管理

项目组合

项目集

项目

· 一体化
· 范围
· 进度
· 成本
· 质量
· 资源
· 沟通
· 采购
· 利益相关者

图 187 通过项目监督企业风险投资战略（国内和国外）

· **第四阶段 参与**：ERM 必须渗透到管理的 3 个层次（战略、业务和运营）才能参与。风险所有权是所有管理人员的责任和义务。从战略到业务和运营的风险价值管理链如图 188 所示。据报道，61%～90% 的战略在实施过程中失败。这是由于来自管理的 3 个层次的风险累积。在 ERMO 和 OSIM 的帮助下，没有适当和结构化的 ERM 规划就是失败的规划。企业从中小型企业成长为大型企业，在第 3 阶段没有组建 OSIM 和/或 ERMO 将导致过于雄心勃勃的计划，从而失去对核心竞争力的跟踪。投资一个不明确的战略目标/商业计划会产生高风险项目，导致危机。你需要的不是一个超级团队成员；你需要的是一个超级团队。21 世纪需要赋能的敏捷团队与参与式的超级团队协作，以更好地管理人、流程和实体世界。这意味着更快（速度）、更好（质量）和更智能（成本和灵活性）。所有这些都有助于通过优先项目解决阻碍战略实施的风险。

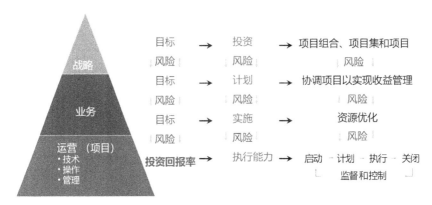

图 188　从战略到业务和运营的风险价值管理链

- **第五阶段　系统化**：风险偏好、风险文化和公司治理必须符合 ISO 31000。需要有健全的 ERM 政策、程序和标准的操作系统。图 189 显示了 ISO 31000：2018 风险管理标准，包括原则、框架和流程。重点是管理战略、业务和项目风险的 5 个要素——整合、设计、实施、评估和改进。

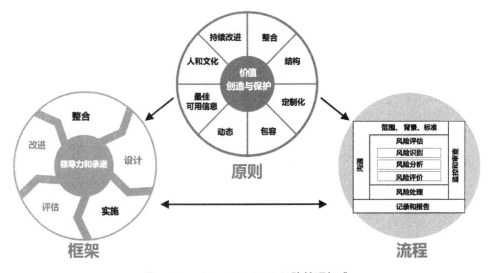

图 189　ISO 31000：2018 风险管理标准

系统化能力成熟度阶段旨在：

— 发展和培养风险所有权，创造竞争优势。

— 提高员工对各级管理层组织风险的意识。

— 减少灭火频率以缓解风险，主要目标是消除导致严重周转危机的可能性。

— 与内部和外部利益相关者（包括监管机构）建立信任。

— 构建一种完整/全面的解决方案方法，将战略、业务和运营风险作为一个整体来处理。

— 通过有效的风险规划流程改善组织风险文化。

— 使用项目管理通用语言，通过优先项目实施提高投资战略的成功率。每个人都接受能力水平的培训和认证（内部和/或外部）。

组织使用 ERM 来识别、评估和管理风险，以确保战略成功执行。长期战略需要与公司的价值观、使命和愿景保持一致，以实现组织文化——我们的工作方式。

ERM 加强了战略选择。选择战略需要进行结构化的决策、分析风险，并使资源调整与使命（我们现在是什么）、愿景（我们想成为什么）和价值观（我们相信什么）保持一致，请参见图 190。

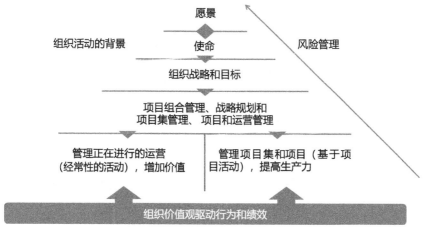

图 190 风险管理与组织愿景、使命和价值观保持一致

ERM 通过将投资战略转化为由正确的人使用正确的流程实施的项目集和项目的组合，并为他们配备正确的实体世界，确保投资战略的成功执行。

图 190 强调了风险管理与组织愿景、使命和价值观保持一致的重要性——因为价值观驱动行为，而行为驱动结果。图 191 是系统化能力成熟阶段的 ERM 框架。图 192 描述了 ERM 系统的 7 种相互关联和相互依存（内部/外部）的风险。由于对战略风险和项目进行了更好的管理，高绩效公司平均可节省 26% 的成本[62]。

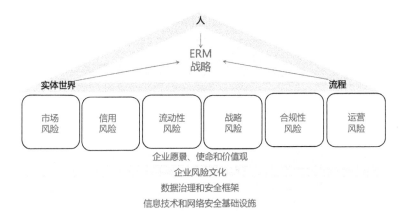

图 191　系统化能力成熟阶段的 ERM 框架

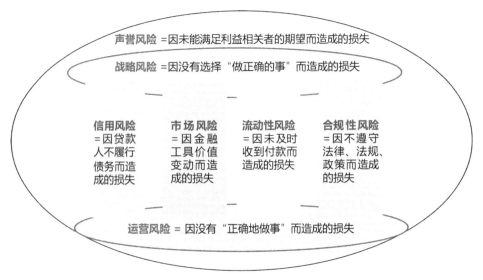

图 192　7 种相互关联和相互依存的风险

可以肯定的是，转型变革管理流程的 6As 必须应用于 ERM 能力成熟度模型的每个阶段，如表 21 所示。

表 21 将转型变革管理的 6As 应用于 ERM 能力成熟度模型各阶段

人	流程	ERM
认知	识别	遇到的内部和外部环境风险——确定"是什么"、"为什么"和"如何做"
对齐	制定	制定ERM政策和程序——为关键风险领域和关键风险指标制定标准操作程序
行动	确定	确定响应关键风险指标和关键绩效指标的风险责任人
实施	支持	利益相关者对实施ERM的支持
巩固	优化	企业风险偏好、文化、治理和使用ERM框架进行响应的能力
预测	监督和控制	应用风险评估矩阵来监控风险责任人和对风险触发因素的响应，以便进行控制

针对阻碍战略实施的风险的整体解决方案方法

过去 30 年来，战略实施的失败率从 61%到 90%不等。因此，确定风险响应措施在实施过程中的成功和失败之处是合理的。从 6As 的角度来看，如果应用全方位整合式思维来更好地管理人、流程和实体世界，转型变革管理的行动流程将对战略产生重大影响。作者通过范式转变——改变我们思考、工作、行为和表现的方式，将相关和实用的关键概念、能力统一起来，以实现卓越的战略执行能力。

- **改变**：使用 6As 流程，确保管理的 3 个层次（战略、业务和运营）在公司愿景、使命和价值观的指导下以相同的步伐前进。在第五章中，作者为每位员工确定了执行纪律的共同原则、指南和承诺。

- **方式**：最终目标是通过将管理、领导力和企业家精神统一为"我们的工作方式"来实现高绩效文化，作为一个世界级组织，努力实现可持续的竞争优势。

- **思考**：我们的思考方式有 7 次转变。每次转变都辅以由 4 种思维技能统一而成的全方位整合式思维。整体思维是整合的能力。系统思维是实施的能力。批判性思维是创新的能力。横向思维是改进的能力。

- **工作**：项目工作能带来较大的业务增值。实现最低风险的结果是至关重要的。我们需要使用一种通用语言来增强我们的执行能力、执行纪律和执行速度——获得卓越的战略执行能力。

- **行为**：作者提倡思维技能的统一，以支持范式转变，超越 21 世纪 20 年代。每个管理者都是重要的变革推动者，他们以身作则，影响并获得利益相关者的支持，以克服变革的阻力。

- **表现**：专注于 5 个常见的关键绩效指标，即速度、质量、可靠性、成本和灵活性，以实现世界级制造（零缺陷）和世界级营销（零投诉），请参见图 193。

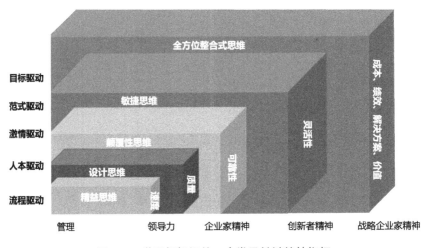

图 193　世界级组织的 5 个常见关键绩效指标

表 22 总结了"更好地管理人、流程和实体世界的全方位整合式思维"的完整转换矩阵。每个思维技能连续体（正确的态度和积极的习惯）——精益思维、设计思维、颠覆性思维、敏捷思维和全方位整合式思维——的重点都是经过深思熟虑的，强调以相同的速度转型以实现成功。

表22 更好地管理人、流程和实体世界的全方位整合式思维总结

改变	思维	工作	行为	表现	成熟度 生命周期	预测风险
认知 ・为什么需要变革 ・为什么现在需要变革	整体和专注思维	管理 （流程驱动）	实现卓越运营的精益思维	・速度与速率 （价值观、愿景和使命）	存在 ・变革的初始流程	承诺不足
对齐 ・谁需要参与 ・完成后会是什么样子的	系统和JIT思维	领导力 （人本驱动）	实现产品领先的设计思维	・世界级制造和营销 （零缺陷和零投诉）	生存 ・结构化流程和标准，以降低管理费用和间接成本	为 VUCA 商业环境建立应急准备
行动 ・谁负责 ・如何实施	批判性、积极和反思性思维	企业家精神 （激情驱动）	提高客户满意度的颠覆性思维	・完整的业务价值供应链中的可靠性交付承诺	成功 ・制度化流程和组织标准，以实现流程可交付成果	为OSIM和/或ERMO实施项目化结构
实施 ・如何衡量	横向、视觉和想象思维	创新者精神 （范式驱动）	实现价值创新的敏捷思维	6Ms 适应性和灵活性 （周期缩短）	起飞 ・管理流程以提高效率和成效	全组织参与，灌输正确的风险文化和风险偏好
巩固 ・如何让其持久	统一的整体、系统、批判性和横向思维，以实现最大影响	战略企业家精神 （目标驱动）	挖掘潜在需求的全方位整合式思维	・将人力资源转化为人力资本再转化为人力冠军	系统化 ・优化流程	实现卓越的执行能力，优化、利用和强化关键资源
优势 ・变革的收益>成本	突破性思维	具有最大业务增值和最低风险（利润驱动）的项目工作的通用语言	高绩效文化（更快、更好、更智能）带来卓越的执行能力	最佳成本、最佳绩效、最佳体验、最佳性价比	©PBAAL丰富了从开始、系统化和综合阶段吸取的经验教训	6Ms 的综合生产力，以最低的单位成本实现卓越的供应链

管理风险，实现新范式转变的平稳过渡

为了实现新范式转变的平稳过渡，对于思维技能的连续性，必须进行审慎的风险规划。表 23 支持将 6As 应用于从一个阶段过渡到另一个阶段的每个元素。实际上，3 个管理层次的转型变革管理必须以同样的速度完成。每个阶段有十大要素。

表 23　实现转型变革管理首要目标的精益思维、设计思维、颠覆性思维、敏捷思维和全方位整合式思维的十大要素

改变	精益 I II III IV V 管理 （流程驱动）	设计 I II III IV V 领导力 （人本驱动）	颠覆性 I II III IV V 企业家精神 （激情驱动）	敏捷 I II III IV V 创新者精神 （范例驱动）	全方位整合式 I II III IV V 战略企业家精神 （目标驱动）
组织	存在	生存	成功	起飞	系统化
能力成熟度	初始流程	结构化流程和标准	制度化流程和组织标准	管理流程	优化流程
预测风险	承诺不足	建立应急准备	为 OSIM 和/或 ERMO 实施项目化结构	全组织参与，灌输风险文化	实现卓越的执行能力
思维技能组合	整体和专注思维	系统和JIT思维	批判、积极和反思性思维	横向、视觉和想象思维	统一的整体、系统、批判性和横向思维，以到达突破性思维
认知（一）（初始）	•为什么需要变革 •为什么现在需要变革	•我知道为什么设计思维很重要	•营造紧迫感	树立榜样（相信你可以）	变化是一个常态；学习的速度>变化的速度
对齐（二）（计划）	•谁需要参与 •完成后是什么样子的	•我们理解设计思维能为我们的产品和服务做些什么	•构建指导联盟 •重新塑造愿景、使命和价值观	激发共同愿景（追求卓越）	缺乏成熟度和行动学习将减缓变革进程

改变	管理（流程驱动）	领导力（人本驱动）	企业家精神（激情驱动）	创新者精神（范例驱动）	战略企业家精神（目标驱动）
	精益 Ⅰ Ⅱ Ⅲ Ⅳ Ⅴ	设计 Ⅰ Ⅱ Ⅲ Ⅳ Ⅴ	颠覆性 Ⅰ Ⅱ Ⅲ Ⅳ Ⅴ	敏捷 Ⅰ Ⅱ Ⅲ Ⅳ Ⅴ	全方位整合式 Ⅰ Ⅱ Ⅲ Ⅳ Ⅴ
行动（三）（管理）	·谁负责 ·如何实施	·我们可以改进产品和服务质量	·招募创新团队志愿者 ·通过消除障碍促进行动	挑战流程（©PBAAL）	设定现实的能力成熟度的目标和关键绩效指标
实施（四）（整合）	·如何衡量（关键绩效指标） ·如何监督和控制	·我们想要将设计思维融入我们的"工作方式"	·创造短期胜利（带奖励的小胜利） ·保持势头	让他人行动起来（争取支持）	将发展能力成熟度视为需要终身学习的事，基于©PBAAL的速度>变化的速度，提升创新能力
巩固（五）（优化）	·如何让其持久	·我们擅长统一精益思维和设计思维	·机构变革 ·奖励胜利者和激励失败者成为赢家	激励人心（刻意练习）	注重持续改进，以保持竞争优势
主要目标和目的	浪费管理和交付周期缩短（与愿景、使命、价值观保持一致），持续努力，保持成本意识	全面质量管理，将"质量是每个人的事"作为组织理念	通过高效、可持续和转型项目，将复杂、昂贵的产品/服务转变为简单且负担得起的产品/服务	敏捷思维意味着灵活、多样和适应性强——每个人都必须得到发展和培养，才能转变为关键的变革推动者，从而加快变革的速度	遵循通用语言、原则、承诺和指南，以实现更好的管理（流程）、领导力（人）、企业家精神、创新者精神和战略企业家精神（实体世界），从而实现高绩效文化

全方位整合式解决方案是一种循序渐进的方法，以检查管理的 3 个层次是否同步推进。这是经过深思熟虑的。

- **第一步**是嵌入精益思维的思维模式，它是流程驱动的。目标是管理浪费和缩短周期。结果是速度优势。当速度与组织的愿景、使命和价值观在正确的方向上保持一致时，它被称为"速率"。组织需要经历发展的第一阶段，即存在。这同样适用于管理项目的能力成熟度，即初始流程。风险管理生命周期也是如此，即承诺不足。这保证了整体思维和整合的能力，实现了清晰规划——与向专注思维也就是效率思维转变相一致。这是管理的本质。

- **第二步**是嵌入设计思维的思维模式，它是人本驱动的。目标是全面质量管理，将"质量是每个人的事"作为组织理念。结果是质量优势。组织需要经历发展的第二阶段，即生存。这同样适用于管理项目的能力成熟度，即结构化流程和标准。风险管理生命周期也是如此，即建立应急准备。这保证了系统思维、实施的能力、在监督（人）和控制（流程）中获得成效——与向 JIT 思维（有效和高效）的转变相一致。这是管理与领导力协同作用的本质。

- **第三步**是嵌入颠覆性思维的思维模式，它是激情驱动的。目标是将复杂且昂贵的产品/服务转变为简单且负担得起的产品/服务。结果是价值创新优势。组织需要经历发展的第三阶段，即成功。这同样适用于通过协同作用提高项目管理能力的成熟度，即制度化流程和组织标准。风险管理生命周期与此类似，即为 OSIM 和/或 ERMO 实施项目化结构。这保证了批判性思维、创新的能力，以获得有效决策（使用验收标准）——与向积极和反思性思维的转变相一致。这是管理、领导力和企业家精神相统一的本质。

- **第四步**是嵌入敏捷思维的思维模式，它是范式驱动的。目标是灵活、多样、适应性强，培养每个人成为关键的变革推动者，以加快变革的速度。结果是敏捷优势。该组织需要经历发展的第四个阶段，即起飞。这同样适用于在项目管理的帮助下提高项目团队领导的多任务处理能力的能力成熟度，即管理流程更快、更好、更智能。风险管理生命周期也是如此，即涉及全组织参与，以灌输风险文化。这保证了横向思维可以从 6 个不同的角度（参考爱德华·德·波诺的六项思考帽）获得有效的分析，以解决复杂的问题[80]。这与向视觉和反思性思维的转变是一致的。这是作为一个整体发挥最佳作用的协同效应的本质——相互依赖和不可分割的管理、领导力和企业家精神。

- **第五步**是点燃全方位整合式思维以获得整体解决方案方法。这包括整体思维、系统思维、批判性思维和横向思维，它是目标驱动的。目标是为更高业务价值的工作、原则、指南和承诺创建一种通用语言，以实现高绩效文化。结果是更好的流程管理、人员领导力，以及与企业家、创新者和战略企业家的连接。这反过来带来了战略协作。组织需要经历发展的第五个也是最后一个阶段，即系统化。这同样适用于优化流程的能力成熟度。风险管理生命周期也是如此，即通过持续改进实现并保持卓越的执行能力。该组织通过统一 4 种思维技能（整体、系统、批判性和横向）来实现突破性思维，同时还需要完成 6 个转变——从专注思维到 JIT 思维，到积极思维和反思性思维，再到视觉思维和想象思维。关键绩效指标保持不变，即速度、质量、可靠性、灵活性和成本。但最后的衡量标准是单位成本。这涵盖了从端到端的整个供应链的综合生产力、关键资源的利用。最高利润率是最低成本的世界级制造和最高售价的世界级营销的结果。

6As 流程：转型变革管理的 6As 包括认知（初始）、对齐（计划）、行动（管理）、头施（整合）、巩固（优化）和预测（从认知到巩固）。这些是所有 5 种思维——精益思维、设计思维、颠覆性思维、敏捷思维和全方位整合式思维——所共有的。详情请重温表 22。

本节旨在处理阻碍战略实施的陷阱和风险。这些通常来自所有层级所做的假设。所有参与推动文化变革管理项目的人都需要适当的培训和发展。然后，他们会准确地知道该做什么。

让先前的假设保持不变会导致项目失败。为什么？第一个问题是谁负责为变革项目创造认知和对齐？在90%的情况下，解决方案是在个人计划后召开会议，以便有时间消除分歧。

然而，这个会议可能会导致进一步的假设，即团队成员将被授权根据他们的项目计划来执行任务。从这种实践中得到的经验教训是，如果没有问题，那很好。当项目因成本超支、质量问题、超出范围等而延期时，吸取的经验教训应使流程负责人能够解决风险和改进流程。找到合适的主持人来组织项目规划研讨会以将战略转化为可交付成果非常重要。这些需要进一步分解成工作包和活动，并分配流程和风险负责人。如果没有合适的主持人，结果将是次优和不成功的转型变革管理战略。那么，对于高绩效组织至关重要的文化转型就不会发生。

尽管管理团队全力承担从"构思到转型"的责任，投资战略失败仍可能发生。对于任何重大的变革举措/转型项目，管理团队都需要认识到，在实施的最后阶段发生的风险会让企业付出很大的代价。图 194 强调了完工后可持续性的必要性。每个人都需要接受保持最佳绩效的工作方式。ERM 理念让每个人都认识到"风险是每个人的事"，以实现将威胁转化为机遇，持续提升绩效。这包括个人持续发展的意愿。

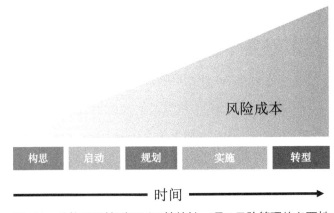

图 194　从构思到转型再到可持续性，项目风险管理的必要性

循序渐进地实施转型创新项目并制定路线图是一种常识（见图 195）。企业需要考虑技能提升是针对个人、项目团队、部门还是整个组织。不管是谁，目标都

是形成高绩效的文化。如果要将它作为一种理念渗透到整个组织，成为我们的行为方式，那么必须在每个阶段进行组织发展以提高执行能力。从精益开始，培训从初始阶段到优化阶段。当关键绩效指标显示利益相关者满意时，流程负责人必须能够维持标准，并持续改进，超越转型阶段达到的峰值。过了这个高峰，精益思维就能带来生产力的提高。这些可能是微不足道的，但必须在执行中不断追求卓越。

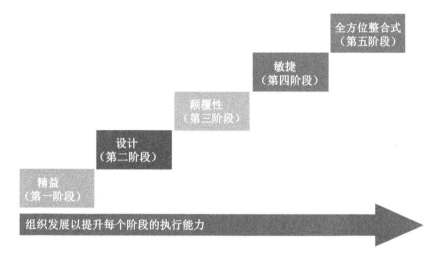

图 195　循序渐进，辅以组织发展，以提高执行能力，并始终保持持续改进的思维模式

同样谨慎的方法将被应用于精益、设计、颠覆性、敏捷和全方位整合式思维的生命周期。实施这 5 种思维技能所需的总时间将更长，但成功率将提高 50%以上。这相当于减少 10～30 次失败的投资战略。好处将是巨大的。

图 196 强调了将绩效文化与 5 种思维技能及其 6 个转变相结合的必要性。这对于实现从普通企业到世界级企业的转变和形成真正有影响力的文化至关重要。

图 197 显示了战略实施的 5Ps。目标是在整个组织中树立成本意识。全面质量管理理念是重中之重——质量是每个人的事。成功的创新战略是通过高效、可持续转型项目来实施的。

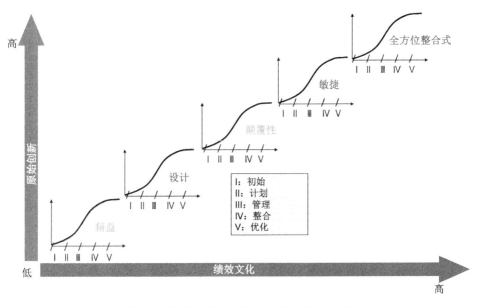

图 196　为了实现原始创新，对于创新者来说，将绩效文化
与 5 种思维技能和 6 个转变相结合是至关重要的

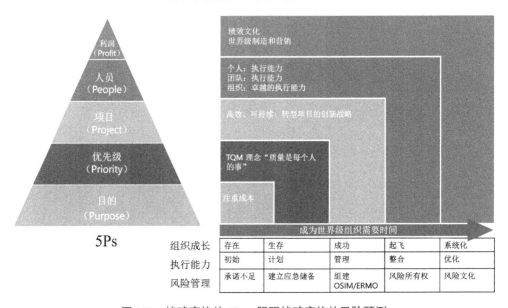

图 197　战略实施的 5Ps：阻碍战略实施的风险预测

人提供个人能力，个人能力形成项目团队能力，使组织在执行方面表现卓越。

最终，这将带来世界级制造和高绩效的营销文化。

总 结

这是本书的最后一章——更好地管理人、流程和实体世界的全方位整合式思维。表 24 严格验证了全方位整合式思维概念背后的本质和基本原理，以便更好地管理人、流程和实体世界。这在现实世界中已经实现了。

表 24 全方位整合式思维与改变我们思考、工作、行为和表现方式的范式转变之间的关系

思维	精益	设计	颠覆性	敏捷	全方位整合式	结果
横向		人本驱动	转向积极和反思性思维	转向视觉和想象思维	目标驱动 世界级制造（零缺陷）世界级营销（零投诉）4 种思维技能的转变	有效的多角度分析，以获得利益相关者的支持
批判性		转向专注思维	激情驱动			基于验收标准的有效决策
系统	流程驱动		转向 JIT 思维			有效的监督（人）和控制（流程）
整体	转向效率思维			范式驱动：改变我们思考、工作、行为和表现的方式		清晰地规划流程所有权
改变	管理	领导力	企业家精神	创新者精神	战略企业家精神	冠军
工作（文化）	成本意识	质量意识	可靠性意识	灵活、多样、适应性强	高绩效文化	最大业务增值和最低风险

（续表）

思维	精益	设计	颠覆性	敏捷	全方位整合式	结果
行为	正确的态度	正确的连接	正确的项目	正确的伙伴	正确的聚焦	正确的核心竞争力（独特、可扩展且难以模仿）
表现	速度	质量	可靠性	成本和灵活性	卓越执行能力	达到最佳单位成本的资源综合生产力

尽管表 24 中提供了路线图，但有必要强调组织发展的需要，以确保相关和正确的培训模块为内部（员工）和外部（客户、供应商、承包商）利益相关者带来实际好处。如果客户、供应商、承包商等不相信你的组织的诚意和信誉，你就没有获得他们的信任来继续支持你的业务。这意味着你的组织不会长久。图 198 抓住了将人力资源管理转变为人力冠军的本质。建立一个由有能力的个人（专家）、团队领导者（变革推动者）、敏捷企业家（创始人）/内部创业者（高层管理人员）组成的通道来发展业务和企业奥林匹克运动员是至关重要的。这些人是行业偶像，他们将帮助你获得品牌领导地位。

©PBAAL 的洞察力见证了像通用电气（在杰克·韦尔奇的领导下）这样的世界级组织。通用电气完成能力成熟度模型从初始到优化的 5 个阶段用了 20 年。IBM（在路易斯·郭士纳的领导下）用了大约 10 年时间。

图 199 显示了绩效一般的组织如何向更高的绩效迈进。人们需要认识到，管理、领导力、企业家精神、创新者精神和战略企业家精神要协同发挥作用。这有助于从有能力的个人转变为称职的团队领导者、熟练的内部创业者、企业家和世界级的企业奥林匹克运动员（CPO）。

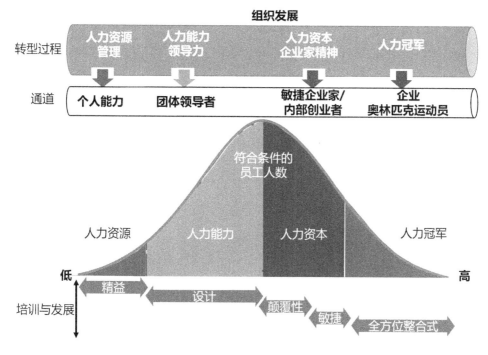

图 198 将人力资源管理转变为人力冠军的组织发展

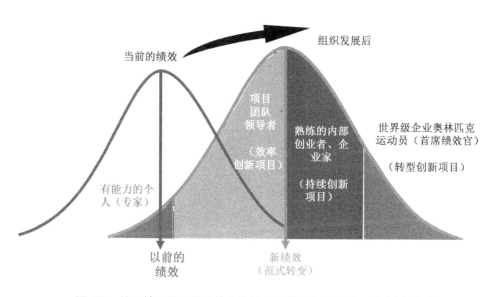

图 199 从以前的世界级绩效文化转变到新的水平需要 10 年以上的时间

中国长城的修建耗时 2300 多年，于 1878 年完工。罗马不是一天建成的。文化取决于高级管理层的承诺，他们的思考方式与"我们在这里的工作方式"不同。

作者鼓励每个利益相关者尝试范式转变的概念：首先，我们需要转变思考方式——统一整体思维、系统思维，使用批判性和横向思维，并记住在思维过程中有 6 个转变以获得最大的影响力。

（1）专注（高效）。

（2）JIT（有效和高效）。

（3）改进（积极和反思性）。

（4）不同（视觉和想象）。

（5）突破（世界级）。

（6）原始创新（冠军）。

这些与 4 种思维技能协同工作。

作者在结语中分享了其在过去 20 年中不断设计、开发和改进的经验教训，以应对工业 4.0 向工业 5.0 的演变。这将与范式转变的概念相结合，使人们具备在未来技能不断变化的情况下奋斗和发展的正确能力，并保持终身学习。更重要的是，培训和发展的收益必须大于投资成本。否则，人力资源向人力资本的转化就没有商业利益。

结 语 洞 悉

在过去的 20 年里，作者一直在实践 T 型思维技能（右脑的整体思维技能，左脑的系统思维技能，以及用于关键决策的中央脑的批判性思维技能）。作为实践学者，他们将理论和实践结合起来，以弥合知行差距。这被认为是行动学习。行动学习的速度必须比商业环境变化的速度更快。图 200 强调了增强整合概念并将这些概念转化为能力的重要性，以提高执行能力，通过与利益相关者连接进行创新，在 VUCA 的商业环境中更快地改进。

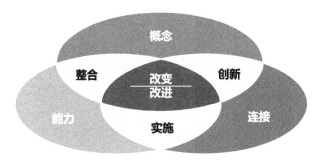

图 200　强调未来技能的重要性，必须增强我们整合、实施、创新和改进的能力

我们迫切需要确定通用语言，以在世界级组织中发展和培育高绩效文化。这是为了解决文化多样性或个人角色方面的问题。困难可能来自人们拥有不同的教育背景和经验、主修不同的学科、接受不同的培训等。范式转变的全方位整合式思维如图 201 所示。我们可以改变我们的思考方式，采用精益（成本责任心）、设计（质量责任心）、颠覆性（可靠性责任心）、敏捷（灵活、多样和适应性责任心）的方式思考。最终的结果就是产品的最低单位成本。项目管理是更高业务价值工作的通用语言，它塑造了领导力和项目团队的发展，使领导者和项目团队成为关键的变革推动者。当项目能力成熟时，团队就会获得卓越的执行力。

图 202 是用于导航转型变革管理的所有基本要素的 6As 路线图。从认知（我们知道）、对齐（我们理解）、行动（我们可以）、实施（我们想要）、巩固（我们擅长）和预测（我们准备应对）开始。6As 流程驱动模型是通用且用户友好的。

图 201　借助全方位整合式思维改变我们思考、工作、行为和表现的方式

认知	对齐	行动
什么是全方位整合式思维？	为什么全方位整合式思维是有益的？	如何通过项目实现战略执行的全方位整合式思维？
预测	**巩固**	**实施**
能力的6个构建模块的改进在哪里？	何时收益大于组织培训和发展的成本？	谁已经从人力资源转变为人力资本？

图 202　转型变革管理所有基本要素的6As路线图

图 202 解释了对独特、可扩展和难以模仿的全方位整合式思维优势的 6As 的回答。

- 认知——什么是全方位整合式思维？图 203 显示了全方位整合式思维的要素，其目标是实现清晰规划、有效控制和有效决策，同时克服变革的阻力。

  图 204 显示了使能工具——概念图、6As、九宫格解决方案和©PBAAL。

  全方位整合式思维包括 4 种统一的思维技能

— 整体思维是整合事物的能力。

— 系统思维是通过项目实施战略的能力。

— 批判性思维是一种创新能力，能够保持与时俱进并获得可持续的竞争优势。

— 横向思维是获得支持和影响利益相关者的能力，以达成共识和克服变革的阻力，产生共鸣并获得双赢的解决方案。

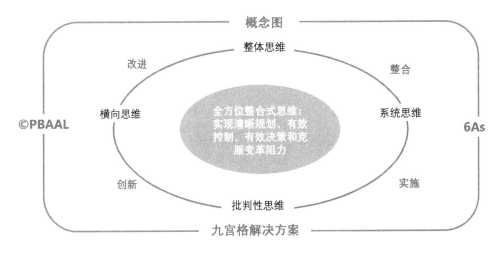

图 203　全方位整合式思维是为了实现清晰规划、有效控制、有效决策和克服变革阻力

图 204　©PBAAL 采用全方位整合式思维，
提供了一种将吸取的经验教训转化为组织过程资产的结构化方法

- 对齐——为什么全方位整合式思维是有益的？图 205 举例说明了转型前后的情况，以及人力资源发展成为人力资本的影响。这是通过 4 种能力来衡量的——专业能力、适应能力、沟通能力和执行能力。这些被认为是品牌领导力。品牌领导力是组织的声望，通过品牌资产（品牌的货币价值）来衡量。

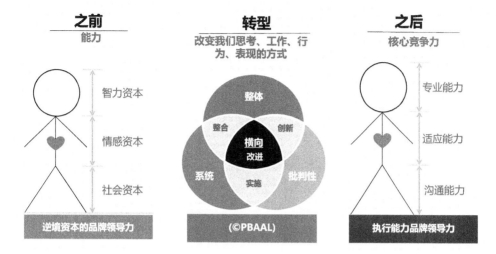

图 205 在转型前作为人力资源，在转型后作为人力资本，配备了有形
（金钱）和无形（满意度）收益的 4 种能力

- 行动——如何通过项目实现战略执行的全方位整合式思维？图206由9个方框组成。每个方框都需要一个负责人，负责开展相互依存、不可分割的必要活动。

— 行动学习将记录关于项目执行过程中遇到的正面（机会）或负面（威胁）的经验教训。谁是积极（令人放心）的利益相关者？谁是中性（反应性）的利益相关者？谁是制造障碍的消极（抵制）的利益相关者？什么流程可以提高业务价值，同时减少与项目相关的风险？

— 项目管理需要明确定义的范围（可交付成果）、支持（资源）和进度（里程碑图表）来实现项目目标。

— 通过优先级项目更好地管理战略执行能力。这需要一个指导性的项目化结构来支持。所有项目经理/产品经理将直接向 CEO 汇报，以加快响应和决策的速度。项目治理确保利益相关者的投资通过企业平衡计分卡系统得到保护，以便进行跟踪和管理。

（1）创新与成长。

（2）内部业务流程。

（3）内部/外部利益相关者的满意度。

（4）可持续的财务绩效。

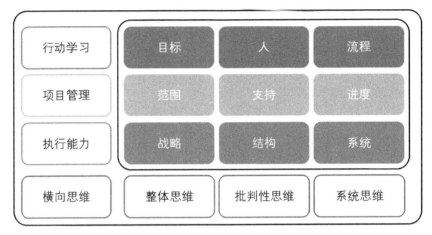

图206　九宫格解决方案

- 实施——谁已经从人力资源转变为人力资本？图207显示了在整个组织中发展和培养人才的需求。这将增加接班人的数量，他们将成为有能力的管理者、熟练的领导者和敏捷的企业家，从而使公司的业务从国内发展到地区、国际和全球。关注人而不是战略。战略需要正确的人（执行纪律），他们知道正确的流程（执行能力），并拥有与利益相关者联系的正确实体世界（执行速度）。人才培养不可能一蹴而就。从初始到优化，组织能力成熟度经历了5个阶段。在高绩效文化中，衡量卓越的标准是按范围、进度、成本完成的成功项目的数量。大客户（20%的客户贡献了80%的销售收入，并具有最高的利润率）是需要保留的，数量也将继续增长。

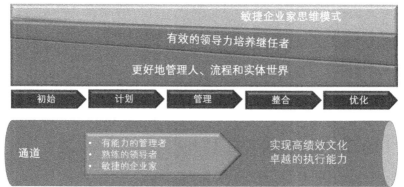

图 207　有能力的管理者、熟练的领导者和敏捷的企业家的通道

- 巩固——何时收益大于组织培训和发展的成本？图 208 强调了由强大基础组成的"能力屋"，即©PBAAL，通过"观察—思考—计划—实施—研究—改进"的创新循环，对所有学到的经验教训进行分析并用于持续改进。积累的经验教训，也就是组织过程资产，可以在适当的时候用于知识产权保护。

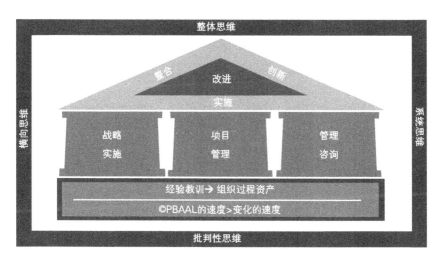

图 208　　"能力屋"作为通过项目成功实施战略的通用语言

- 预测——能力的 6 个构建模块的改进在哪里？图 209 捕获了能力的 6 个构

建模块，以灌输精益、设计、颠覆性、敏捷和全方位整合式思维模式，实现 21 世纪 20 年代以后的范式转变。6 个模块如下所示。

—— SEPM（Strategic Enterprise Project Management）：战略企业项目管理。

—— SVM（Stakeholder Value Management）：利益相关者价值管理成功转型变革管理。

—— WTBM（Wholistic Thinking for Better Management）：全方位整合式思维管理。

—— DTEL（Design Thinking for Effective Leadership）：有效领导力设计思维。

—— DTAE（Disruptive Thinking for Agile Entrepreneurship）：敏捷企业家精神颠覆性思维。

—— ©PBAAL（©Project-Based Accelerated Action Learning）：基于项目的加速行动学习，通过积累组织过程资产击败竞争对手，以达到突破性/原始创新。

图 209　能力的 6 个构建模块

从原始创新的能力的 6 个构建模块着手，成为一个全方位整合式思考者。作者结合在弥合理论（知）和实践（行）之间的差距方面的经验，对此进行了测试。

图 210 描绘了从工业 4.0 向工业 5.0 过渡的能力的 6 个构建模块的路线图。

图 211 强调基于能力的培训课程的重要性，通过培训，达到提高个人能力、团队能力和组织能力的目标。最终收益>培训和发展成本。

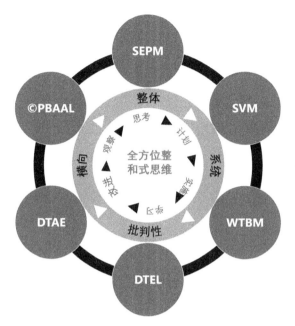

图 210　基于能力的培训课程是互补的，可以产生最大的影响

SEPM：战略企业项目管理，提升整合能力

哈佛大学的教授和平衡记分卡的作者卡普兰（Kaplan）和诺顿（Norton）[81]揭示了 90%的战略在实施过程中失败了。这个痛点存在于每个组织中，可能发生在任何人身上。这种基于能力的方案解决了阻碍成功执行战略的各种挑战。它引入了一种行之有效的循序渐进的方法，以避免落入早期阶段的陷阱。将战略目标与业务和运营联系起来的共同主线是战略企业项目管理。

SVM：利益相关者价值管理，提升执行能力

利益相关者是对你的努力的成败有影响的任何人。可能是一个项目、计划，也可能是职业发展、晋升、战略执行等。因此，平衡价值网和与各种关键利益相

关者的关系应该带来积极的权衡（双赢）。聪明的管理者会为他们绩效影响权衡。明智的管理者会确保权衡的结果对所有人都是双赢的。这种基于能力的培训课程建立在戈尔曼的情商、自我意识、自我管理和自我发展的概念之上，运用双赢的利益相关者价值管理。

WTBM：全方位整合式思维管理，提升创新能力

管理者、领导者和企业家需要通过"发展和重新塑造"自己，在新工作时代保持可持续性。为了保持与时俱进，他们需要不断为自己的企业和组织增值。他们还需要适应不断变化的商业环境，从而实现范式转变。这需要全方位整合式思维来发展更好的管理、领导力和企业家精神。我们的目标是将自己转变为全脑人力资本，以便在项目驱动型经济中奋斗并蓬勃发展。这种基于能力的培训课程是独特的、可扩展的，并植入了难以模仿的高绩效文化，将管理、领导力和企业家精神统一起来，以成为世界级的优秀组织。

图 211　基于能力的培训课程，提高全方位整合式的执行能力

DTEL：有效领导力设计思维，提升改进能力

这一基于能力的培训课程通过改变我们思考、工作、行为和表现的方式，强调领导范式的转变。有效领导力设计思维关注有形和无形的领导品质。有形的领导品质是可以用项目作为晴雨表来衡量的。"我们只能改进或管理可以衡量的东西"的基本原理是本课程的主要目标，以实现课程期间和课程之后的领导转型。该课程从领导力自我意识（我是谁）、领导力自我发展（我知道）、领导力自我管理（我做什么）和领导力挑战（我想超越什么）开始。

DTAE：敏捷企业家精神颠覆性思维，提升灵活应变能力

颠覆性思维是一种产生非传统战略的思维方式，这种战略会让竞争对手奋力追赶。它将一个行业带入下一代。我们思考和行为方式的这种范式转变将导致颠覆性创新——将复杂而昂贵的产品、服务和/或解决方案转变为简单且负担得起的产品、服务和/或解决方案。

大多数关于企业家精神的课程都关注企业家的特质。这一基于能力的培训课程揭示了高绩效组织的业务增值，利用被称为创业的过程来度过危机。在关键时刻，我们要问——在危机期间，我们如何控制损失？我们怎样才能扭转危机？我们如何利用学到的经验教训来脱颖而出，并制定一个创新战略？这需要深入思考的行动技能，以重新塑造管理，重新设计企业家精神，重新思考创新者精神，重新规划领导力，重新想象战略企业家精神，并重新激活组织。这些领域的成功将带来持续的复原力和可持续的转型。

©PBAAL：©基于项目的加速行动学习，提升更快、更好、更智能的业务成果的能力

行动学习是一种强大而有效的学习方式，因为它融合了许多理论，如管理学、

心理学、教育学、政治学、数学、物理学、社会学、生物学和经济学。行动学习的一个独特方面是基于项目的方法，这种方法提升了学习者将理论转化为行动的能力。©PBAAL 使学习者能够轻松地将 4 种思维技能——整体思维、系统思维、批判性思维和横向思维——融入工作场所学习的应用中。©PBAAL 已迅速成为最受欢迎的组织技术，学习不再只是纸上谈兵，而是可实施的行动和解决方案。学习者能够立即在工作场所应用复杂的问题解决方案。使用全方位整合式思维的行动学习研究方法在亚洲得到应用，如清华大学技术创新研究中心、佩特拉基督教大学（印度尼西亚）。

成功的现实

值得注意的是，即使最好的战略意图也有局限性和陷阱。

- 太多、太快的变化导致严重的组织"心痛"。

- 衡量组织能力成熟度阶段至关重要。它就像一个晴雨表，用来衡量组织适应和应对变化的能力。

- 变革必须协调一致、同步进行。否则，由于预期不一致，变革可能会遇到阻力。

- 组织发展是有计划的变革，不能因为预算问题而妥协。不做该做的事就像计划失败。

- 沟通。让每个人都了解渐进式成功。让每个人都有动力。这样，你就可以拥有热情、信任和源源不断的能量。

- 首选渐进式和迭代式的改进，也就是循序渐进的方法，一次专注于一个计划——精益、设计、颠覆性、敏捷和最终全方位整合式的解决方案。这种方法可以带来世界级的制造和营销绩效文化，以获得最高的利润率。

关于作者

陈劲

清华大学经济管理学院教授，清华大学技术创新研究中心主任，《国际创新研究学报（英文）》（Scopus）主编，*International Journal of Knowledge Management Studies*（Scopus and ESCI）主编，*International Journal of Innovation and Technology Management*（Scopus and ESCI）主编，*International Journal of Technology and Globalisation* 主编，《清华商业评论》执行主编，《管理》杂志执行主编，2021 年和 2023 年被评为全球最具影响力的 50 大管理思想家（Thinkers50）之一。

陈家赐

新加坡实践教授，整合终身学习研究院创办人，清华大学技术创新研究中心高级研究员，荣获行动学习至高荣誉——全方位整合式思维特聘教授［Doctor of Letters（Wholistic Learning-Action Learning）］。

30 多个国家的大学客座教授、国际商业管理顾问和企业培训师，经常在亚洲管理、领导力和创业会议上发表演讲，最新的研究方向是精益敏捷创业（重新定义为"创新"），通过©PBAAL（改变我们思考、工作、行为和表现方式的范式转变™）帮助中小企业和跨国企业应用全方位整合式思维来实施转型战略，著有多本关于管理、领导力和创新的书籍，还发表了 100 多篇文章。

致　　谢

如果没有各位奉献者的不断支持、鼓励和热情，本书是不可能完成的。

《国际专业管理》杂志（英国）的主编卡罗琳·巴格肖（Caroline Bagshaw）为本书英文版的质量保驾护航。

感谢勒宝溶、沈焕纯和郭雅楠，他们共同翻译了本书。

感谢整合终身学习研究院总经理林伟平博士对本书中文版质量的奉献。

感谢我们所有的家人和亲人，他们使我们能够投入大量的时间和精力来完成本书。

谨以此书献给所有充满激情、志同道合的人们，他们激励我们为创造更美好的社会和世界贡献自己的想法。

附录 A 缩 略 语

©PBAAL: ©Project-Based Accelerated Action Learning

3Ms: Muri, Muda, Mura

3Ps: People, Process & Planet

4Rs: Recognise, Respect, Reconcile, Realise

5Ms: Money, Manpower, Machine, Material & Method

5Ws & 2Hs: What, Why, Who, When, Where, How, How much.

6As of design thinking: Appropriateness, Awareness, Acceptability, Affordability, Availability, Anticipation

6As process: Awareness, Alignment, Action, Adoption, Assurance, Anticipation

5Ms: Money, Manpower, Machine, Material, Method

6Rs: Reinvent, Redesign, Rethink, Reengineer, Reimagine, Rejuvenate

AI: Artificial Intelligence

ATM: Agile Thinking Mindset

ATO: Assemble to order

BSC: Balanced scorecard

CPO: Chief Project Officer

DRP: Distribution requirements planning

DTAE: Disruptive Thinking for Agile Entrepreneurship

DTEL: Design Thinking for Effective Leadership

EOQ: Economic ordering quantity

EPRG: Ethnocentric, Polycentric, Regiocentric, Geocentric

ERM: Enterprise risk management

ERMO: Enterprise Risk Management Office

ERP: Enterprise resource planning

ESG: Environmental, Social & Governance

ETO: Engineer to order

GOT: Goal, Objective, and Target

IoT: Internet-of-Things

I-P-O-C: Input-Process-Output-and Control

IRR: Internal Rate of Return

ISO: International Organisation for Standardisation

JIT: Just-in-time

KPIs: Key Performance Indicators

KRAs: Key Risk Areas

KRDs: Key Risk Drivers

MBI: Minimum Business Increment

MBOS: Management-By-Olympic-System

MLE: Management, Leadership, Entrepreneurship

MNE: Multinational Enterprise

MRPI: Materials requirement planning

MRPII: Manufacturing resources planning

MTO: Made to order

MVP: Minimum Viable Product

OPAs: Organisational Process Assets

OSIM: Office of Strategy Innovation Management

PMBOK: Project Management Body of Knowledge

PMI: Project Management Institute

PMO: Project Management Office

PMP: Project Management Professional

ROC: Reorder cycle

ROI: Return-On-Investment

ROL: Reorder level

SEPM: Strategic Enterprise Project Management

S-I-O-M: Strategize-Implement-Operate-Measure

SME: Small and Medium Enterprise

SVM: Stakeholder Value Management

TQM: Total Quality Management

VUCA: volatile, uncertain, complex & ambiguous

WoT: Way of Thinking

WoW: Way of Working

WT: Wholistic Thinking

WTBM: Wholistic Thinking for Better Management

WTOM: Wholistic Thinking for Operations Management

参考文献

1. Kanter, Rosabeth Moss, 1995. "Thriving Locally in the Global Economy", Harvard Business Review, August, pp. 1-11.

2. Chan, KC, 2017. "Only The Wholistic Survive", The International Journal of Professional Management, Volume 12, Issue 1, pp. 1-20.

3. Lee, Kai-Fu, 2018. "The Four Waves of Artificial Intelligence", Fortune Magazine, November, pp. 44-46.

4. Hammer, Michael, 2001. "The Superefficient Company", Harvard Business Review, September, pp. 1-10.

5. Loehr, Jim and Schwartz, Tony, 2001. "The Making of a Corporate Athlete, Harvard Business Review, January, pp. 120-128.

6. Chen, Jin and Chan, KC, 2022. "Management Olympians", Tsinghua Business Review, March, pp. 6-11.

7. Chen, Jin and Chan, KC, 2022. "Transformation Learning to Teaching Organisation: A ©Project-Based Accelerated Action Learning Approach", Tsinghua University Business Review, August, pp. 6-14.

8. Chen, Jin and Chan, KC, 2022 Wholistic Project Management. Social Science Academic Press (China) pp. 29-46.

9. Chan, KC 2019. "©Project-Based Accelerated Action Learning: Adventure of an Action Learner from Apprentice to Mastery", The International Journal of Professional Management, Volume 14, Issue 4, pp. 1-17.

10. Chen, Jin and Chan, KC, 2022. "Intelligent Innovation Strategy in Industry 5.0: Beyond World-Class Performance", Tsinghua Management Review, June, pp. 6-17.

11. Chan, KC, et. al., 2021. "Applied learning and teaching transformations through project-based action learning in an International Business Management programme, Journal of Education, Innovation and Communication, December, pp. 53-78.

12. Nieto-Rodriguez, Antonio, 2022. "The Rise of the Chief Project Officer", Harvard Business Review, April 26, pp. 1-10.

Chapter 1

13. Drucker, Peter, 2008. The Essential Drucker: The best of sixty years of Peter Drucker's Essential Writing on Management, Harper Business.

14. Drucker, Peter, 2006. Innovation and Entrepreneurship, Harper Business.

15. Chen, Jin and Chan, KC, 2024. Design Thinking for Managers, Leaders and Entrepreneurs, Publishing House of Electronics Industry.

16. Chen, Jin and Chan, KC, 2023. Innopreneurship for Industry 4.0, Publishing House of Electronics Industry.

17. De Bono, 1999. Six Thinking Hats, Back Bay Books.

18. Chan, KC, 2018. Globalisation and Its Discontent, The International Journal of Professional Management, Volume 13, Issue 5, pp. 1-17.

19. Chan, KC, and Lim, WP, 2021. Paradigm Shift: Changing the way we think, work, behave, and perform in the new normal, The International Journal of Professional Management, Volume 16, Issue 3, pp. 1-10.

20. Chan, KC, 2017. Only The Wholistic Will Survive, The International Journal of Professional Management, Volume 12, Issue 1, pp. 1-20.

21. Treacy, Michael and Wiersema, Fred, 1997. The Discipline of Market Leaders, Basic Books.

22. Kim, Chan and Mauborgne, Renee, 2015. Blue Ocean Strategy: How to create uncontested market space and make the competition irrelevant, Harvard Business Review Press.

23. Kaplan, Robert S. and Norton David P., 2008. The Premium Execution: Linking Strategy to Operations for Competitive Advantage, Harvard Business Review Press.

24. Nieto-Rodriguez, Antonio, 2021. Harvard Business Review Project Management Handbook: How to launch, lead, and sponsor successful projects, Harvard Business Review Press.

25. Forbes 2022: https://www.forbes.com/sites/forbescoachescouncil/2022/03/16/12-reasons-your-digital-transformation-will-fail/?sh=5b58625b1f1e.

26. Morgan, M, Raymond Levitt, R, & William Malek, (2008) Executing Your Strategy: How to Break It Down and Get It Done. Harvard Business Review Press.

27. Chandler, Alfred D, 1993. The Visible Hand: The Managerial Revolution in American Business, Belknap Press (an imprint of Harvard University Press).

28. Chen, Jin and Chan, KC, 2023. The Rule of Five for Innovation Strategy Implementation, The International Journal of Professional Management, Volume 18, Issue 3, pp. 1-17.

29. Nieto-Rodriguez, A., & Speculand, R, (2022) Strategy Implementation Playbook. Strategy Implementation Institute (SII).

30. Speculand, R, Chen, J. & Chan, KC. (2022) Excellence in Execution of Digital Strategy: Story of DBS (the World's Best Bank). International Journal of Professional Management, 17(5), 1–7.

31. Project Management Body of Knowledge, 6th Edition, 2017. Project Management Institute (USA).

32. Chan, KC, 2016. Project Management as Core Competence for All Managers, The International Journal of Professional Management, Volume 11, Issue 3, pp. 1-4.

33. Process Groups: A Practical Guide, 2022. Project Management Institute (USA).

34. Nieto-Rodriguez, A., 2021. The Project Economy has Arrived, Harvard Business Review, November – December, pp. 2-9.

35. McKinsey:
https://www.mckinsey.com/capabilities/people-and-organizational-performance/our-insights/beyond-hiring-how-companies-are-reskilling-to-address-talent-gaps

36. Construction Professional in Built Environment Projects (PMI-CP)™, Project Management Institute, 2023.

37. Crawford, J. Kent, 2021. Project Management Maturity Model, Fourth Edition, PM Solutions Research.

38. Tony Wagner 2012, Creating Innovators: The Making of Young People Who Will Change the World. Scribner.

39. Herrmann-Nehdi, Ann and Herrmann, Ned, 2015. The Whole Brain Business Book, 2nd Edition, McGraw Hill.

40. Liker, Jeffrey K., 2020. The Toyota Way, 2nd Edition, McGraw Hill.

41. Hamel, Gary and Prahalad, CK, 1996. Competing for the Future, Harvard Business School Press.

Chapter 2

42. Roger Martin, 2022. A New Way to Think. Harvard Business Review Press.

43. George, Bill and Clayton, Zach, 2022. True North, Emerging Leader Edition, John Wiley & Son.

44. Senge, Peter, 2006. Fifth Discipline: The Art and Practice of Learning Organisation, Doubleday.

45. Nieto-Rodriguez, A., 2021. Project Management Handbook. Harvard Business Review Press.

Chapter 3

46. Humble, Molesky et al, 2022. Lean Enterprise How High-Performance Organisations Innovate at Scale.

47. Balle, Michael, Jones, et. al., 2017. The Lean Strategy, McGraw Hill.

48. Linder, Natan and Undheim, T.A., 2023. Augmented Lean, John Wiley & Sons.

49. Ries, Eric, 2011. The Lean Startup, Crown Business.

50. Kim, Chan and Mauborgne, Renee, 2017. Blue Ocean Shift, Hachette Group, Macmillan.

51. Kim, Chan and Mauborgne, Renee 2023. Beyond Disruption, Harvard Business Review Press.

52. Ulrich, Dave and Yeung, Arthur, 2019.Reinventing the Organisation, Harvard Business Review Press.

53. Korn, Kim C, and Pine II, Joseph, 2011. Infinite Possibility: Creating Customer Value on the Digital Frontier, Berrett-Koehler Publishers.

54. Dyer, Jeff and Furr, Nathan, 2011. The Innovator's Method, Harvard Business Review Press.

55. Chen, Jin and Chan, KC, 2023. "Management for Better Society (The 7th Tsinghua Business Review Forum, 2nd December 2023)."

56. Christensen, 2016. The Innovator's Dilemma. Harvard Business Review Press.

57. Williams, Luke, 2010. Disrupt: Think the Unthinkable to Spark Transformation in Your Business, FT Press.

58. Blomstorm, Duena, 2021. People Before Tech: The Importance of Psychological Safety and Teamwork in the Digital Edge, Bloomsbury Business.

59. Amber, Scott and Lines, Mark, 2022. Choose your WoW: A Disciplined Agile Approach to Optimizing Your Way of Working, 2nd Edition, Project Management Institute (USA).

60. Covey, Stephen, 2020. The 7 Habits of Highly Effective People: 30th Anniversary Edition, Simon & Schuster.

61. Tuckman, Bruce, 2001. "Developmental sequence in small groups", Group Facilitation: A Research and Applications Journal. 63 (6): 71–72.

62. Crawford, Kent J., 2021. Project Management Maturity Model, 4th Edition, PM Solutions Research.

63. Kerzner, 2023. Project Management Best Practices: Achieving Global Excellence, 5th Edition, John Wiley & Sons.

64. The Standard for Organizational Project Management, 2018, Project Management Institute (USA).

65. Ferdows, K. and De Meyer, A.,1990. "Influence of Manufacturing Improvement Programmes on Performance, International Journal of Operations and Production Management, Vol. 10, No.2, pp. 120-131.

Chapter 4

66. Hofstede, Geert, 2010. Cultures and Organizations: Software of the Mind, 3rd Edition, McGraw Hill.

67. Trompenaars, Fons and Hampden-Turner, Charles, 2020. Riding the Waves of Culture: Understanding Diversity in Global Business, Nicholas-Brealey.

68. Smith, Rolf, 2007. The 7 Levels of Change: Different Thinking for Different Results, Tapestry publisher.

69. Taylor, Bill Ray, 2022. The Winning Link, McGraw Hill.

70. Kotter, 2012. Leading Change, Harvard Business Review Press.

71. Kouzes, James M. and Posner, Barry, Z., 2022. Leadership Challenges, Jossey-Bass.

72. Bridges, William & Susan, 2019. Transitions (40th Anniversary Edition): Making Sense of Life's Changes, Da Capo Lifelong Books.

73. Perlmutter, V.H., Heenan, A.D. (1974). How multinational should your top managers be, Harvard Business Review.

74. Gulati, 2022. Deep Purpose: The Heart and Soul of High-Performance Companies, Harper Business.

75. Schein, 2016. Organisational Culture and Leadership, Jossey-Bass.

76. Gino, Francesca and Staats, Bradley, 2015. Why Organizations Don't Learn, Harvard Business Review, November.

Chapter 5

77. Buckley, 2022. International Business, 2nd Edition. Oxford.

78. Govindarajan & Trimble, 2013. Beyond the Idea. How to execute innovation in any organisation, St Martin Press.

79. Eppinger, 2019. Product Design & Development, 7th Edition. McGraw Hill.

Chapter 6

80. Edward de Bono, 2016. Six thinking hats, Penguin.

Epilogue

81. Kaplan & Norton, 1996. Strategic Learning & The Balanced Scorecard. Emerald Insight.

反侵权盗版声明

电子工业出版社依法对本作品享有专有出版权。任何未经权利人书面许可，复制、销售或通过信息网络传播本作品的行为；歪曲、篡改、剽窃本作品的行为，均违反《中华人民共和国著作权法》，其行为人应承担相应的民事责任和行政责任，构成犯罪的，将被依法追究刑事责任。

为了维护市场秩序，保护权利人的合法权益，我社将依法查处和打击侵权盗版的单位和个人。欢迎社会各界人士积极举报侵权盗版行为，本社将奖励举报有功人员，并保证举报人的信息不被泄露。

举报电话：（010）88254396；（010）88258888

传　　真：（010）88254397

E-mail：　dbqq@phei.com.cn

通信地址：北京市万寿路南口金家村 288 号华信大厦

　　　　　电子工业出版社总编办公室

邮　　编：100036